秘島図鑑

清水浩史

THE BOOK
OF
SECRET
ISLANDS
IN
JAPAN
BY

Hiroshi Shimizu

河出書房新社

秘島図鑑

目次

秘島地図……009
はじめに……014

I部 秘島ガイド編

忘れられた島

№01 南硫黄島―孤高の島―東京都小笠原村……018
№02 北硫黄島―古代遺跡のロマン島―東京都小笠原村……022
№03 沖大東島（ラサ島）―企業所有の射爆撃場―沖縄県島尻郡北大東村……026
№04 横当島―秘境トカラの中の秘境―鹿児島県鹿児島郡十島村……030
№05 硫黄鳥島―噴火を繰り返した島―沖縄県島尻郡久米島町……034

〝いちばん〟の島

№06 沖ノ鳥島―日本最南端―東京都小笠原村……038
№07 南鳥島―日本最東端―東京都小笠原村……042

№08 沖ノ島――神聖さナンバー1――福岡県宗像市……046
№09 鳥島――漂流物語ナンバー1――東京都八丈支庁……050
№10 西之島――スクスク育つ島――東京都小笠原村……054

忘れられない歴史の島

№11 硫黄島――激戦の歴史――東京都小笠原村……058
№12 馬毛島――開発に揺れる島――鹿児島県西之表市……062
№13 鳥島――射爆撃場の哀感島――沖縄県島尻郡久米島町……066
№14 横島――水没し岩礁になった炭鉱島――長崎県長崎市香焼町……070
№15 臥蛇島――無人化した共同体の島――鹿児島県鹿児島郡十島村……074

行けないけど無理すれば行ける（？）島

№16 八丈小島――全島民離島の歴史――東京都八丈島八丈町……078
№17 屋嘉比島――無人化した銅採掘島――沖縄県島尻郡座間味村……082
№18 入砂島――渡名喜島に近い射爆撃場――沖縄県島尻郡渡名喜村……086
№19 昭和硫黄島――溶岩だらけのハダカ島――鹿児島県鹿児島郡三島村……090
№20 続島――戦艦「陸奥」爆沈の火葬島――山口県岩国市……094

もうひとつの「秘島」——絶海の奇岩

№21 男岩——沈思黙考の岩——沖縄県島尻郡座間味村……098
№22 大野原島——寄り添う三本嶽——東京都三宅島三宅村……102
№23 ベヨネース列岩——「異国情緒」漂う岩礁——東京都八丈支庁……106
№24 須美寿島——孤高の壁岩——東京都八丈支庁……110
№25 孀婦岩——水平線上の感嘆符——東京都八丈支庁……114
№26 奇岩——今にも折れそうなキノコ岩—沖縄県宮古島市……118

夢の秘島

№27 南波照間島——波照間島沖の〃幻の島〃……122
№28 中ノ鳥島——地図に38年間記載された、存在しなかった島……126
№29 小祝島——祝島を見守る無人島——山口県熊毛郡上関町……130

番外編

№30 肥前鳥島——3つの岩から3つの島へ——長崎県五島市……134
№31 北方四島・竹島・尖閣諸島 〃揺れる〃島々……138

Ⅱ部 秘島 実践編

行けない島を身近に感じる方法

ACTION 01 本籍を移してみる 146
ACTION 02 日本の漂流記を読んでみる 149
ACTION 03 もうひとつの漂流記を読んでみる 153
ACTION 04 秘島の「夢のあと」を本でたどる 158
ACTION 05 秘島の「最寄」有人島まで行ってみる 162
ACTION 06 浜辺の漂着物をチェックする 166
ACTION 07 マイナー航路に乗って絶海を感じる 170
ACTION 08 臨時運航船をチェックする——「おがさわら丸」硫黄三島クルーズ 174
ACTION 09 Google Earthでバーチャル上陸を試みる 181
ACTION 10 島に流れた汗を想像する 186
ACTION 11 島の「孤絶」を味わってみる——漂泊の俳人、尾崎放哉を読む 190
ACTION 12 ネズミと島の関係を考える 194
ACTION 13 秘島の観点で島を眺めてみる 199
ACTION 14 時には本当に上陸してみる——八丈小島 202
ACTION 15 海外の島から日本の秘島を想像する——ナウル共和国 206

あとがき……212
主要参考文献……216
写真出典……221

本書の掲載地図は、国土地理院「電子国土Ｗｅｂ」を参考にして作成した。
本文の引用文中の〔〕内は、引用者による補足説明を示す。

秘島地図

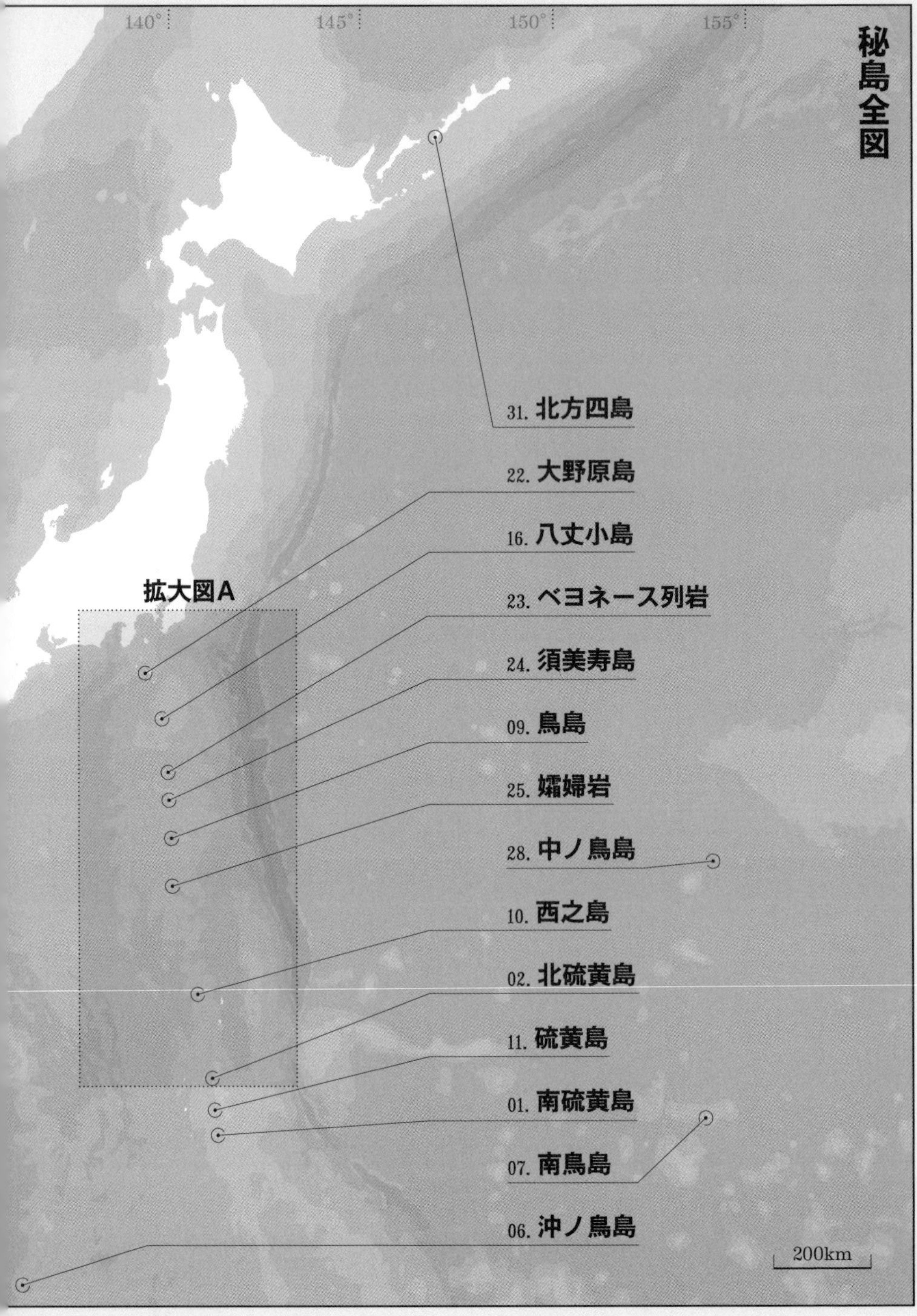

秘島全図
140°
145°
150°
155°
拡大図A
31. 北方四島
22. 大野原島
16. 八丈小島
23. ベヨネース列岩
24. 須美寿島
09. 鳥島
25. 孀婦岩
28. 中ノ鳥島
10. 西之島
02. 北硫黄島
11. 硫黄島
01. 南硫黄島
07. 南鳥島
06. 沖ノ鳥島
200km

115°
120°
125°
130°
135°
45°
40°
35°
30°
25°
31. 竹島
20. 続島
29. 小祝島
08. 沖ノ島
14. 横島
12. 馬毛島
30. 肥前鳥島
19. 昭和硫黄島
15. 臥蛇島
04. 横当島
05. 硫黄鳥島
13. 鳥島
18. 入砂島
21. 男岩
17. 屋嘉比島
31. 尖閣諸島
26. 奇岩
27. 南波照間島
03. 沖大東島
拡大図B
拡大図C

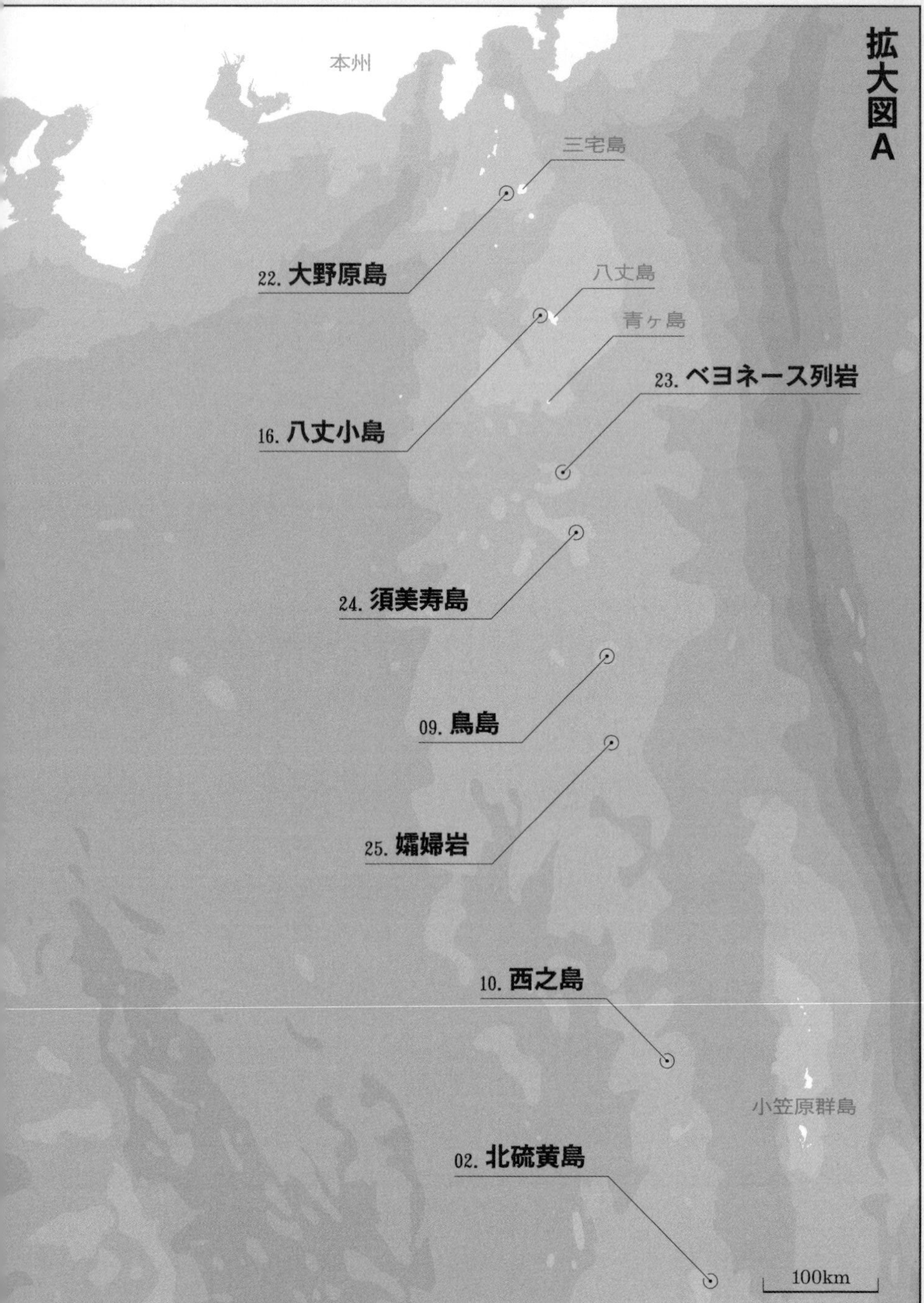
拡大図A
本州
三宅島
22. 大野原島
八丈島
青ヶ島
23. ベヨネース列岩
16. 八丈小島
24. 須美寿島
09. 鳥島
25. 孀婦岩
10. 西之島
小笠原群島
02. 北硫黄島
100km

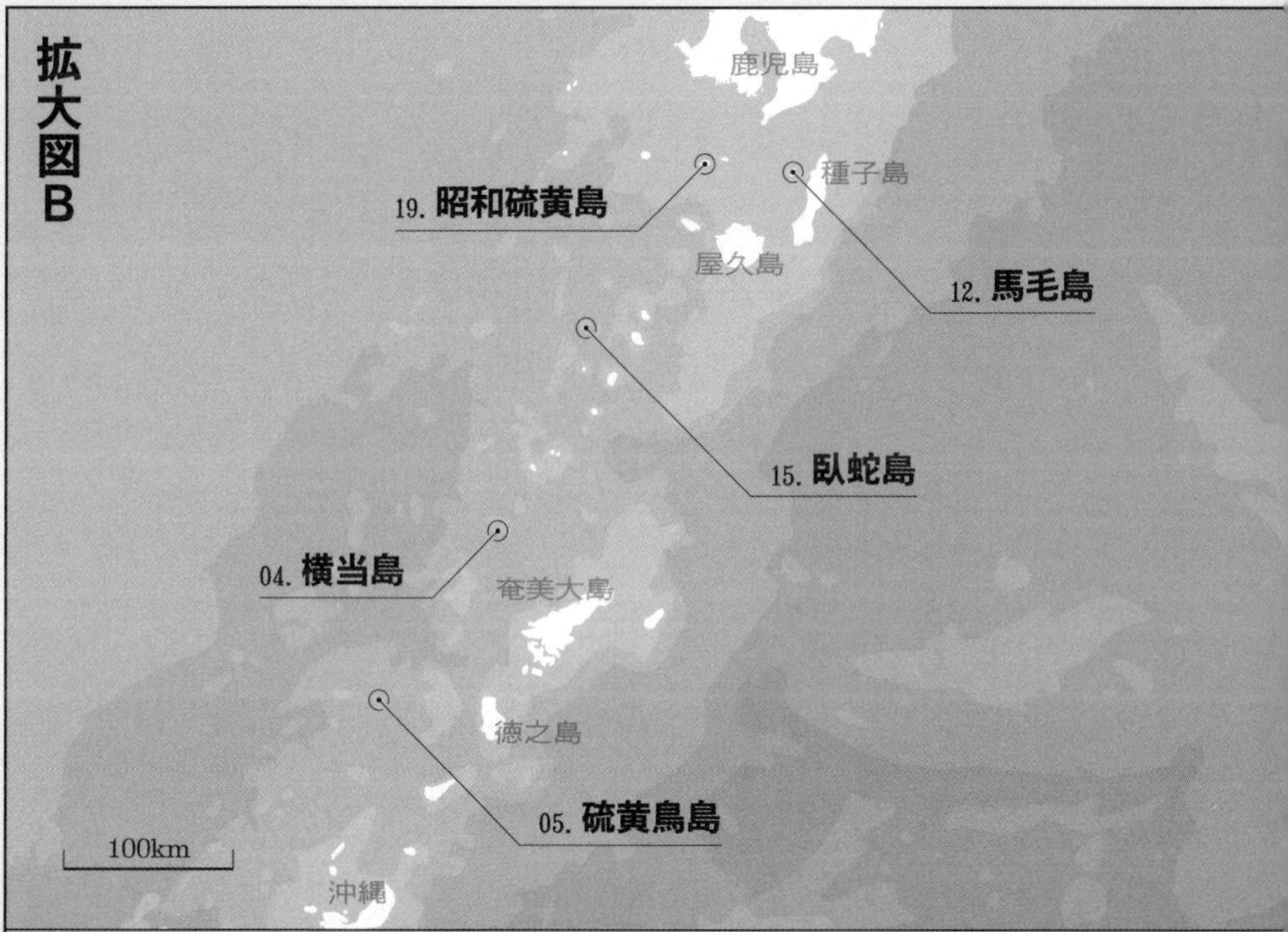
拡大図B
鹿児島
19. 昭和硫黄島
種子島
屋久島
12. 馬毛島
15. 臥蛇島
04. 横当島
奄美大島
徳之島
05. 硫黄鳥島
100km
沖縄

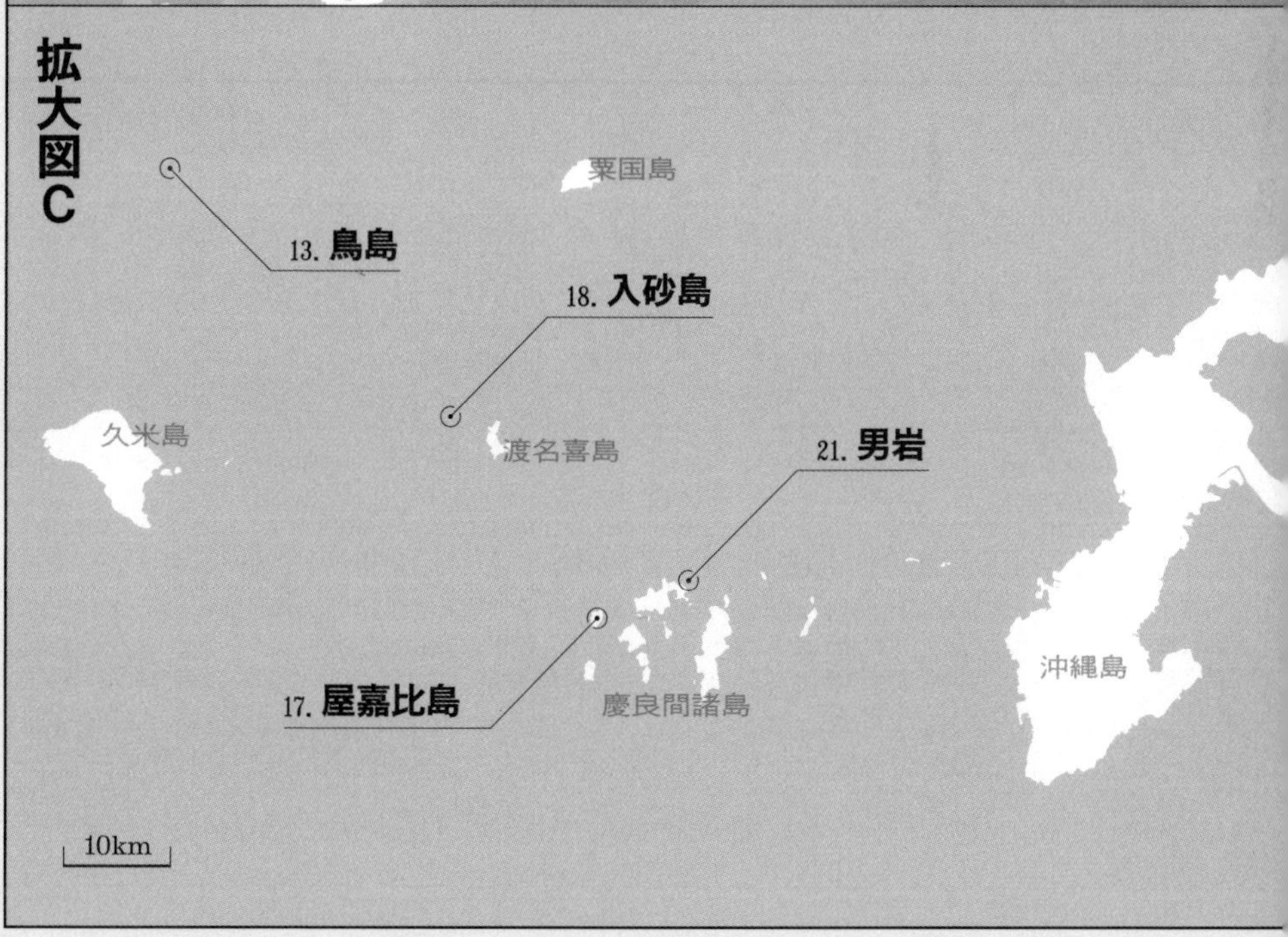
拡大図C
粟国島
13. 鳥島
18. 入砂島
久米島
渡名喜島
21. 男岩
沖縄島
17. 屋嘉比島
慶良間諸島
10km

はじめに

島旅は愉しい。

でも、いつも気になることがある。
島の旅を愉しみつつも、「この島の先にある島のことも知りたい」という思い。
島に行けば、他の島が気になる。
そうして、あちらこちらの島を訪ね歩く。
そして、「これ以上は先に行けない」という現実に、突き当たる。
もう、この先には航路がない。
この先にある島というのは無人島なので、行きたくても行く手段がない。

そこで「日本人が行けない日本の島」という観点で全国を調べてみる。
すると、何やらたくさんの「行けない島」が見えてくる。
行けない島だからこそ、好奇心をくすぐる。
本書では、それらの行けない島々を厳選したうえで、「秘島」と呼びたい。
ここでいう秘島とは――、次のように定義したい。

・リモート《遠く離れた》感がある（絶海の遠隔感）
・孤島感がある（比較的小さな面積で、周囲に陸地や島がない）
・もの言いたげな佇まい（島の姿、形が個性的なもの）
・行けない。島へのアクセスがない（一般の公共交通機関がない）
・住民がいない（島に住所を有する人・住民票を置いている人がいない）
・知られざる歴史を秘めている（忘れてはいけない小さな島の物語）

これら要素のいずれか、またはすべてを含むものを秘島としよう。
何かしらの「奥深さ」を秘めている、秘島。
ごく一部を除けば、無人島かつ絶海の孤島で上陸は不可能。
また、島だけではなく、奇岩や伝説上の島も一部含めた。

日本の秘島は、知れば知るほど面白い。
そこには忘れられた歴史が刻まれている。
秘島の歴史を紐解くと、たくさんのことが見えてくる。
資源の争奪、開拓者の汗、被災や戦禍で流れた涙……。
秘島の歴史や現状を知れば、行けない島が身近に感じられる、はず。
ありし日の秘島文化を紐解いて、行けない島へと、旅立とう。

I部 秘島ガイド編

・忘れられた島

・"いちばん"の島

・忘れられない歴史の島

・行けないけど無理すれば行ける(?)島

・もうひとつの「秘島」──絶海の奇岩

・夢の秘島

・番外編

№ 01

南硫黄島

孤高の島 ― MINAMIIO-TO

東京都
小笠原村
南硫黄島

秘島度 | ★★★★★
面積 | 3.54km²
周囲 | 約7.5km
人口 | 0人
アクセス | なし

東京から約1300km、
小笠原（父島）から約330km、
硫黄島から約60km

1543年、スペイン船サン・ファン号によって発見。1779年、イギリス船がサウスアイランド島と命名。1891年日本の領土となり、戦後は1968年にアメリカ施政下から日本へ返還。1975年、南硫黄島全域が日本初の「原生自然環境保全地域」に指定される。2011年、小笠原諸島が世界遺産に登録され、南硫黄島も区域に含まれている。

ほぼ円錐形に高く切り立った、ピラミッド型の無人島。最高標高は九一六メートルで伊豆諸島と小笠原諸島の中ではいちばん高く、頂上付近はいつも霧がかかっている（雲霧帯）。火山島のため四方が断崖絶壁で、ちょっと不気味な威圧感は秘島の中でも、ピカイチ。

島には上陸できそうな所がほとんどない。平地もなく、飲み水もなく、かつてこの島に定住した人もいない。つまり、外来生物も入り込んでいない。この時代になんとも貴重な、日本屈指の「人跡ほぼ未踏」の地。

ほんの数少ない上陸例をいくつか見てみよう。

一八八六年には、函館を出た帆船（松尾丸）がシケに遭い、八三日間漂流して南硫黄島に漂着しようとした。

「一層死ぬなら土の上でと、島に止まる決心をした三人と、どこかも判らないこんな島で朽ちるよりは、進退ともに一死あるのみと、一縷の希望を船に託して他の六人は別れわかれになった」（『小笠原』第一四四号）とあるように、船員には上陸する希望と不安がうずまいていた。

そうして島に残った三人は、島で鳥や卵、魚介類を食べ、岩滴を飲んで生活したという。まさに、吉村昭の『漂流』の世界か――。その後三年半たって、たまたま近くを通りかかった漁船によって、ようやく三人は救出された。

そのことを受けて、以後の小笠原（父島）と硫黄島を結ぶ航路の定期船は、漂流者の有無を確かめるために年一回だけは南硫黄島に向かい、汽笛を鳴らしながら島の周囲を一周するようになったという。つまり、わざわざ漂流者の有無の確認のためだけに、硫黄島から南下して往復約一二〇キロを航海していたことになる。この「漂流者確認」は、太平洋戦争が勃発するまでつづけられた。

二〇〇七年には、小笠原諸島の世界遺産登録のため、東京都と首都大学東京が合同で二五年ぶりとなる自然環境の調査を実施した。とくに島の調査で目を引くのは、クロウミツバメ。世界で唯一、しかも南硫黄島の山頂部でしか繁殖が確認されていない海鳥だ。

「南硫黄島の〔山頂付近の〕雲霧林は、それを構成する木から着生植物、営巣する鳥〔クロウミツバメなど〕に至るまで、そのほとんどが、世界でまさしくここだけにしか存在しない種か、他に繁殖地があっても絶滅に瀕しているものばかりという生態系を形成している」（「南硫黄島探検記」『不思議の海』）とあるように、人がこれまで立ち入らなかったからこその貴重なフィールドだ。

このように、南硫黄島に上陸した者は、わずかな漂流者・研究者に限られている。硫黄島も北硫黄島も、戦前までは定住者によって開拓されていたのに、南硫黄島だけは、一貫して人を拒みつづけている。

小笠原の定期船「おがさわら丸」が、南硫黄島・硫黄島・北硫黄島を巡るツアー（硫黄三島クルーズ）を毎年一度だけ運航している。上陸はできないが、島の近くを周遊してくれる貴重な機会なので、乗船してみた。

夜に小笠原（父島）を出航すると、明け方、水平線にポツンと南硫黄島が見えてくる。だんだん船が島に近づくにつれて、そそり立つ島の断崖が眼前に迫ってくる。かつての漂流者が上陸を躊躇したのも、よく分かる……。島の頂上は、東京スカイツリーの約一・五倍もの高さだ。

「おがさわら丸」が南硫黄島の周囲をまわる。かつての「漂流者確認」の船と同じように――。人の立ち入らない島は、あの頃と何も変わっていないのかもしれない。

切り立った海岸線と三星岩（手前）

№ 02

北硫黄島

古代遺跡のロマン島

KITAIO-TO

東京都
小笠原村
北硫黄島

秘島度 | ★★★★
面積 | 5.57km²
周囲 | 約8.8km
人口 | 0人
アクセス | なし

東京から1170km、
小笠原（父島）から約200km、
硫黄島から約70km

1543年、スペイン船サン・ファン号が島を発見。1898年、小笠原（母島）から漁労目的の移住を開始。

戦前の最盛期には東側に石野村、北西側に西村の2集落がつくられ、1917年の人口は220人。1944年、太平洋戦争激化のため、全島民90人が「本土」へ強制疎開。終戦で海軍の警備隊も撤収し、以降は無人島。

島内の石野遺跡からは、2000年前とされる定住跡が発見されている。

榊《さかき》ケ峰《がみね》七九二メートルが海上に屹立する、急峻な島。この島にかつて定住者がいたとは……。

一八九八年、石野平之丞（のち、石野村村長）が開拓に着手した。厳しい自然環境の中、小笠原（母島）からの移住者が加わり、一九〇一年には人口一一一人、一九一七年には人口二二〇人を数えた。

島での生活はサトウキビの栽培や採貝などの農漁業が行われ、わずかな平地に石野村と西村の二つの村ができた。石野村には小学校も開校された。西村の子どもは、海岸を伝って石野村の小学校まで通っていたという。北硫黄島をクルーズ船から眺めると、海岸は険しく岩だらけで、ハードな「磯伝い通学」だったようだ。海がシケた日は山を越えて通学したというが、石野村と西村の間には、海岸に切り立つ急峻な山がそびえている。いずれのルートも「日本一ワイルドな通学路だったのではないか」と船上から想像してしまう。

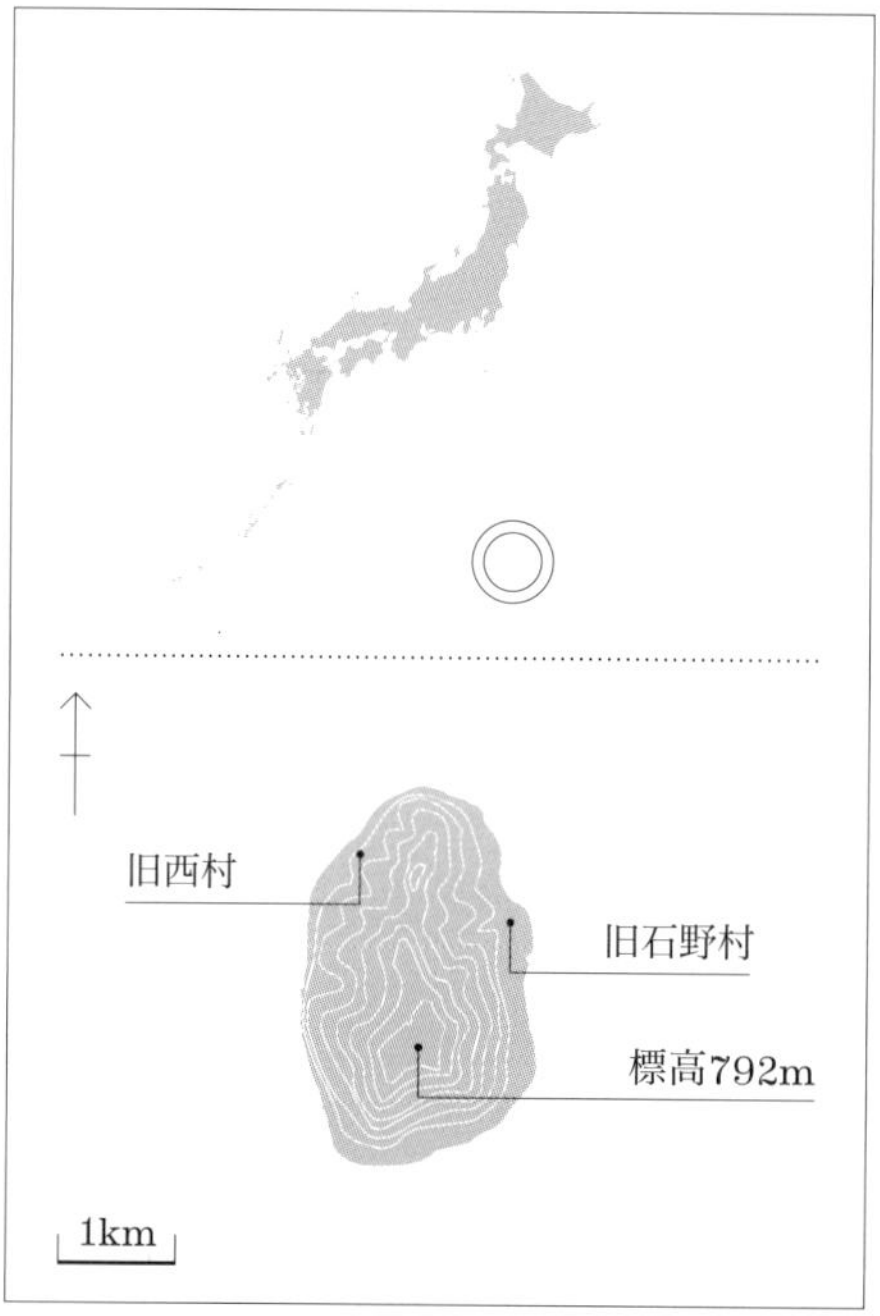

南硫黄島には、人が暮らした記録はない。しかし、南硫黄島と同じくほとんど平地のない北硫黄島には、人が暮らしていたという史実。

やはり、飲み水の存在が大きかったのではないか。かつての石野村近くには、北硫黄島唯一の、常時水が流れる川、渋川があった。渋川の水は硫黄や鉄分の含有量が多く飲用には適さないというが、渋川流域には数か所から湧水が見られ、かつての住民はこれらの湧水と井戸を水源として利用していたと考えられるとのこと。もちろん、雨水頼みもあったであろう。しかし、「雨水以外の水がある」ということの重要性に感じ入らずにはおれない。

急峻な島とはいえ、川や沢が海に流れ出す場所が緩斜面となり、わずかながら平地が北硫黄島に存在していたのも、南硫黄島とは異なって、島に人が住める要因となった。

戦前までは、小笠原から硫黄島へ向かう定期船が二か月に一度、寄港していたが、太平洋戦争時は、全島民は強制疎開となり、海軍兵が配備されていた。

北硫黄島の守備に赴いた記録に『二せきの魚雷艇』がある。この書によると、約七〇キロ離れた硫黄島の激戦が北硫黄島から見えたという。

「〔硫黄〕島の上を飛行機がとんでいるのや、艦砲射撃で島全体から、けむりのあがってんのがみえるんです。すごかったですね」

硫黄島の戦禍は、やがて北硫黄島にも波及した。米軍のグラマン戦闘機が、北硫黄島や硫黄島に向かう零戦を攻撃。硫黄島の飛行場に着陸できず、北硫黄島の近くに不時着したパイロットを北硫黄島の島民が助けたという証言も残っている（『小笠原』特集五九号参照）。

また、この島にはロマンに満ちた謎もある。

北硫黄島からは、二〇〇〇年前のものとされる遺跡が発見されている。調査研究によると、ミクロネシア系の文化が南から日本に伝わってきていた可能性がある、とのこと。島で見つかった石斧や土器は、マリアナ諸島で発見されているものと類似しているのだという。「本州諸島にはみられない文化をもつ人たちがここには住んでいたのだ」（『考古学の散歩道』）、という驚き。

島の歴史を八丈島や小笠原、ひいては本州とのつながりで、ついつい「北側から」考えてしまうが、はるか南からの海上の道も拓かれていた可能性があるというスケール感に、静かに惹きこまれる。

かつて石野村があった付近

№ 03

沖大東島（ラサ島）

企業所有の射爆撃場

OKIDAITO-JIMA

沖縄県
島尻郡
北大東村ラサ

秘島度 | ★★★★★
面積 | 1.147km²
周囲 | 約4.5km
人口 | 0人
アクセス | なし

東京から約1500km、
那覇から約400km、
南大東島から約150km

1543年、スペイン人（B・デ・ラ・トーレ）が島を発見。1807年、フランス軍艦カノニエル号により、「ラサ島」と命名。

1900年、日本領に編入。

1911年にラサ島燐砿合資会社（1934年ラサ工業に改称）が設立され、リン鉱石の採取・搬出がはじまる。

1937年、日本政府よりラサ工業に沖大東島が譲渡され、正式にラサ工業の私有地となる。1945年、戦争激化で従業員・家族ら民間人が引き揚げる。

1958年、在日米海軍が島全体を射爆撃場として使用開始。

九三七年に、ラサ工業は国から沖大東島の払い下げを受けた。以来ずっと、同社の私有地になっている（当時の払い下げ額は三七四八円。『北大東村誌』参照）。ラサ工業の私有地となる前の歴史を見てみよう。

南洋進出ブームの折、ラサ島の開拓権利争いは熾烈を極めた（開拓の当初はアホウドリ捕獲目的）。南鳥島を開拓した水谷新六《みずたにしんろく》、鳥島や南北大東島を開拓した玉置半右衛門《たまおきはんえもん》らとの獲得競争の末、地質学者の恒藤規隆《つねとうのりたか》がすべての権利を取得。

そうして一九一一年、ラサ工業の前身となる企業による自治がはじまる。化学肥料となるリン鉱石採掘に本格的に着手するために、恒藤規隆は労働者を乗船させ五〇余名とともに沖大東島に上陸。一行は海岸の断崖絶壁に苦労した後も、薄暗い密林のため、移動は困難を極めた。

「一歩、島の中に入るとアダン樹が密生し、さらに進むと内部はビロー樹の密林であった。このままでは開拓も進まないので島の北部一帯のかん木を焼き払うことにきめ、下草に火を付けたところ、瞬く間に火は拡がり大火となった。（中略）たまたまスコールに見舞われ、16・5haを焼き尽くして鎮火した。その焼け野原に黒々としたリン鉱の露頭が現れた」（「ラサ島の領土の確定とリン鉱採掘事業」『離島研究Ⅳ』）。

これ以降、リン鉱石の採掘事業は急速に進展する。運搬用のレールが敷設され、仮桟橋や貯水池、建物などの建設が進められた。現地の労働は過酷な環境であったため、一九二九年まで島に住めるのは成人男性に限られていたという。

絶海の、男だけの、島。それゆえ当時は、喧嘩なども多発し、労働者の定着率も悪かったという。『北大東村誌』には一九一四年の鉱夫の状況が、『琉球新報』記事を引用して記されている。「毎日一人一合の酒が楽しみである。酒をのん

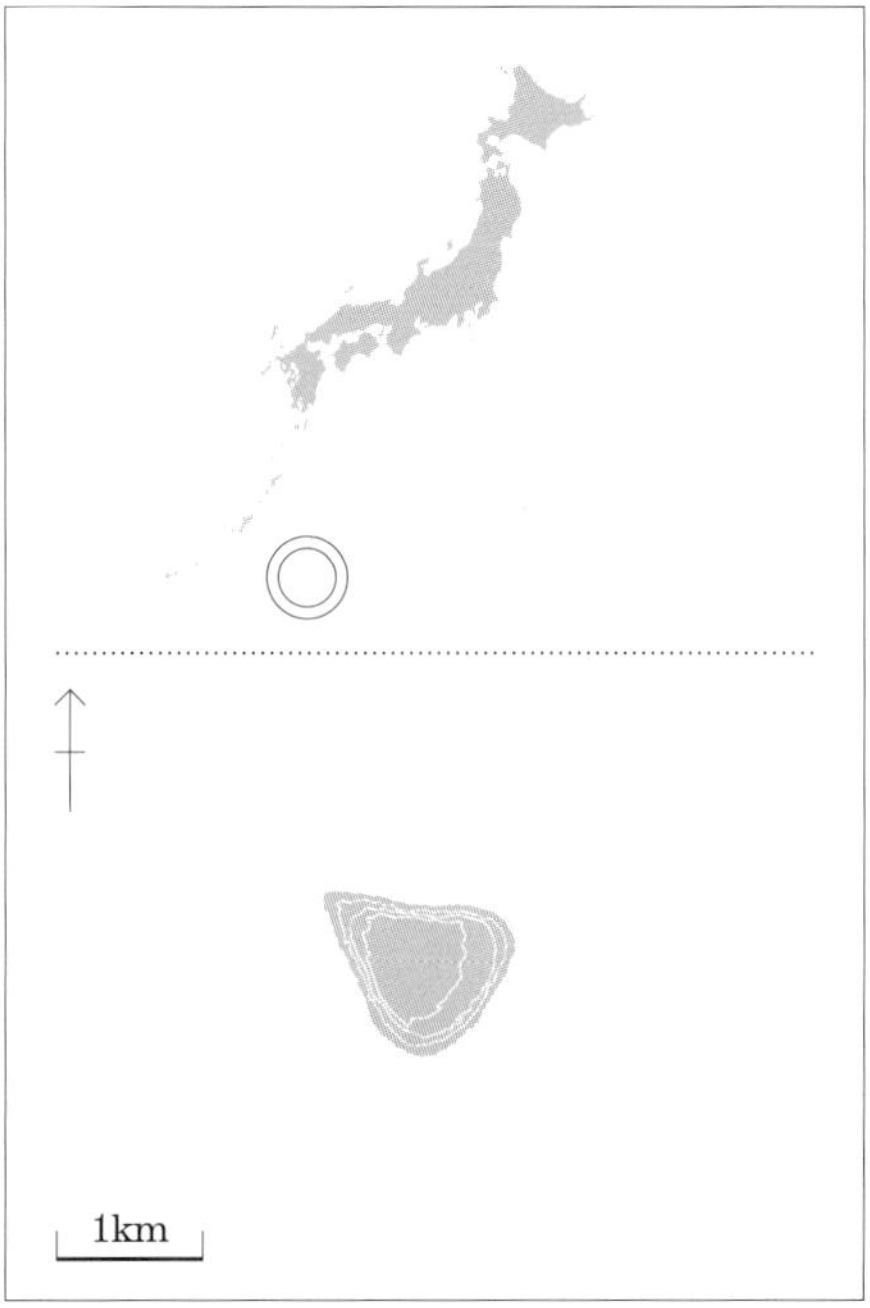

でけんかをはじめる〔酒は一日一合に制限されていた〕。けんかは毎晩のようにある。（中略）犯罪の後にはきっと女がいると言うが、ラサ島のけんかは女ぬきである。だからけんかの原因もはなはだ単純な動機からおこっている」

そうして一九三〇年代以降は、問題改善のために夫婦の労働者が優先的に雇用されたという。ようやく島に女性や子どもも住むようになり、最盛期は約二〇〇〇人にまで膨らんだ。わずか一・一五平方キロの面積に……。とはいえ、「これは長崎県の端島や高島などと同様、島と言うより海上の鉱業空間といえるものであった」（『アホウドリと「帝国」日本の拡大』）とあるように、開拓の島というよりも、資源採取の島という色合いだった。

一九四五年には、太平洋戦争の激化により、住民全員が引き揚げ、戦後は陸軍守備隊も引き揚げて無人化した。戦時中、守備隊長であった森田芳雄『ラサ島守備隊記』には「〔リン鉱石の〕表層部の目ぼしいところをほとんど採りつくしたので、鉱石でない部分の、いわば島の骸骨にあたるところが不規則な凹凸でとり残され、奇岩峡谷錯綜して、ゾッとする姿だ」と、当時の荒涼とした姿が描かれている。

それにしても、戦後に無人となって以降の、この島の「放置プレイ」は、スゴイ。

一九五八年からは米軍の射爆撃場として利用されている（『北大東村誌』によると、一九八四年度の時点で米海軍の年間借料は、三億三〇〇〇万円）。そのため、島への上陸や現状調査はほとんど行われていない。一九七五年には島の所有者であるラサ工業が、海上自衛隊などの協力で三〇年ぶりに上陸調査を行っている。『ラサ工業80年史』によると、一九七五年当時の島の状況は「採掘場跡は燐鉱石の壁が崩れたまま残っており、また各所に５００ポンド爆弾から機関砲砲弾まで各種の不発弾が多数あり、爆撃、砲撃跡の穴もあった」という。一九八九年にも、南北大東島共同で村長らが上陸視察を行ったが、それ以降は上陸調査は行われていない。

先の守備隊長の手記にもあったように、戦前までに表土のリン鉱石はほぼ掘り起こされた。さらに戦後は射爆撃場として、島が再び抉《えぐ》られている（米海軍は、艦艇による艦対地射撃場、海軍機による空対地射爆撃場として使用）。

日本の広大な排他的経済水域を守る貴重な島でありながら、人知れず、傷んでいく島、だ。

№ 04

横当島

秘境トカラの中の秘境

YOKOATE-JIMA

鹿児島県
鹿児島郡
十島村

秘島度 | ★★★★
面積 | 2.76km²
周囲 | 約10km
人口 | 0人
アクセス | なし

奄美大島から約60km、
宝島から42km

最寄の有人島、
宝島の島民などから「オガミ」と呼ばれ、
昔から崇敬の対象となっていた島。
人が暮らした記録はない。
1974年から1994年まで
名瀬市（奄美大島）の業者が
ビロウ（ヤシ科の植物）採集目的で
島を訪れていた。
当時持ち込まれたヤギが繁殖し、
野生化している他、朽ちた小屋や
鉄塔の残骸が残されている。

鹿児島県の吐噶喇《トカラ》列島は、アクセスの困難さもあって、「日本最後の秘境」とも呼ばれている。トカラ列島への唯一のアクセスは、週二回運航されている村営の「フェリーとしま」のみ。

「汽船も亦《また》道路なり」（トカラ列島の中之島にある「航路開設記念碑」）と謳われているように、航路の尊さが窺える。そこには「島がある限り、人々がそこに住み、そしてまた島々をつなぐ道として、汽船が未来永劫絶えることがないように……」との願いが刻まれている。

さて。その貴重なトカラ航路から、大きく離れたところにあるトカラの無人島が、横当島。

前頁に掲げた写真の左側が横当島で、右側は同じく無人の上ノ根《かみのね》島。

横当島はトカラ列島の最南端に位置している。「秘境トカラ」のさらに先、という感じ。鹿児島を出航した名瀬行きの「フェリーとしま」は、口之島、中之島、諏訪之瀬島、平島、悪石島、小宝島とトカラ各島に立ち寄りながら、一二時間以上かかって宝島に寄港する。そこから、はるか西方に横当島を眺めながら、三時間かかって奄美大島の名瀬に着く（全航程一五時間半）。

実際に船（フェリーとしま）のデッキから、目を凝らして横当島を眺めてみよう。

航路から約三〇キロの沖合に、小さな三つの「お椀を伏せたような島」が、水平線に浮かんでいるのが見える（宝島と名瀬の間）。横当島の二つの火山（東峰四九四・八メートルと西峰二五九メートル）と、近くの上ノ根島（横当島の北方約二・四キロ）だ。遠く離れているため、うっすらとした島影しか見えないが、円錐型の島は美しい。

上空写真で見てみると、個性的な形で愉しい。横当島は、ひょうたんのように二つの島がくっついている形をしている。島の「連結部」である砂州は細くて、幅は約一五〇メートルしかない。今にもちぎれそう……に映る。また、東峰は富士山を飛行機の上空から眺めたときのように、大きな火口がぱっくりと口を開けている。

横当島には人が住んだ記録がないため、詳しい歴史はなかなか分からない。数少ない過去の記述に、江戸末期の『南島雑話　2』がある。そこに記されている「与波天島」が、今の横当島にあたる。そこには「此島　古《いにしえ》大に焼岩多くして、汐掛の神に順風を禱《いの》るときは、木にて男根を作り、船中の人数捧ぐる中にて、此島にいたれば、必ず木にて男根幾つも作り捧ぐ」とある。

つまり、横当島は奄美大島の沖にある「女神の島」で、船が近くを通る際は順風であるよう、船員の人数分の男根をつくって島に供えた、ということのようだ。

男根……というと、やや唐突な感じもするが、山の神を女神とする信仰は日本各地で見られる。山中で、道に迷ったり物を失ったとき、男根を出すと、山の神が助けてくれるという伝承も知られている。

このように、ずっと無人の島ではあったが、奄美大島などから漁や信仰として昔から訪れる人はいたようだ。後述する、福岡県の沖ノ島が「女神の島」「女人禁制」であったように、横当島もおそらく女人禁制の島だったのではないかと、想像できる。

今の島の現状は、どうなっているのだろう。

もしかすると、今も人知れず「男根の木」が島に転がっているのかもしれない。

上｜東峰と西峰を結ぶ細い砂州
下｜「フェリーとしま」からの遠望

№ 05

硫黄鳥島

噴火を繰り返した島

IOTORI-SHIMA

沖縄県
島尻郡
久米島町

秘島度 | ★★★★
面積 | 2.55km²
周囲 | 7.3km
人口 | 0人
アクセス | なし

久米島から約200km、
徳之島から65km

琉球王国時代から、
硫黄の産地として知られる。
1631年の火山噴火で多数が死傷。
1829年の噴火では、島民は
徳之島へ避難。1903年にも
噴火が起こり、翌年にかけて
100世帯548人が久米島に移住し、
新たに鳥島集落をつくった。その後、
硫黄採掘の再開により再入植がはじまり、
一時期の人口は600人以上となった。
しかし、1959年の噴火により
全島民86人は那覇などに移住。
その後も硫黄採掘が再開されたが、
1967年の噴火により採掘員が
撤退し、以降無人島。

沖縄県の最北端に位置する硫黄鳥島。といっても、徳之島の西方六五キロに位置しているため、鹿児島県の領域に沖縄県の島がポツンと存在している格好になっている。

硫黄鳥島は沖縄県唯一の火山島で、この島の歴史は硫黄の採掘と、噴火による島民避難を繰り返してきた。当時、硫黄採掘が火山地域の重要な産業であったのは、硫黄には医薬品や火薬の原料などの用途があったため。

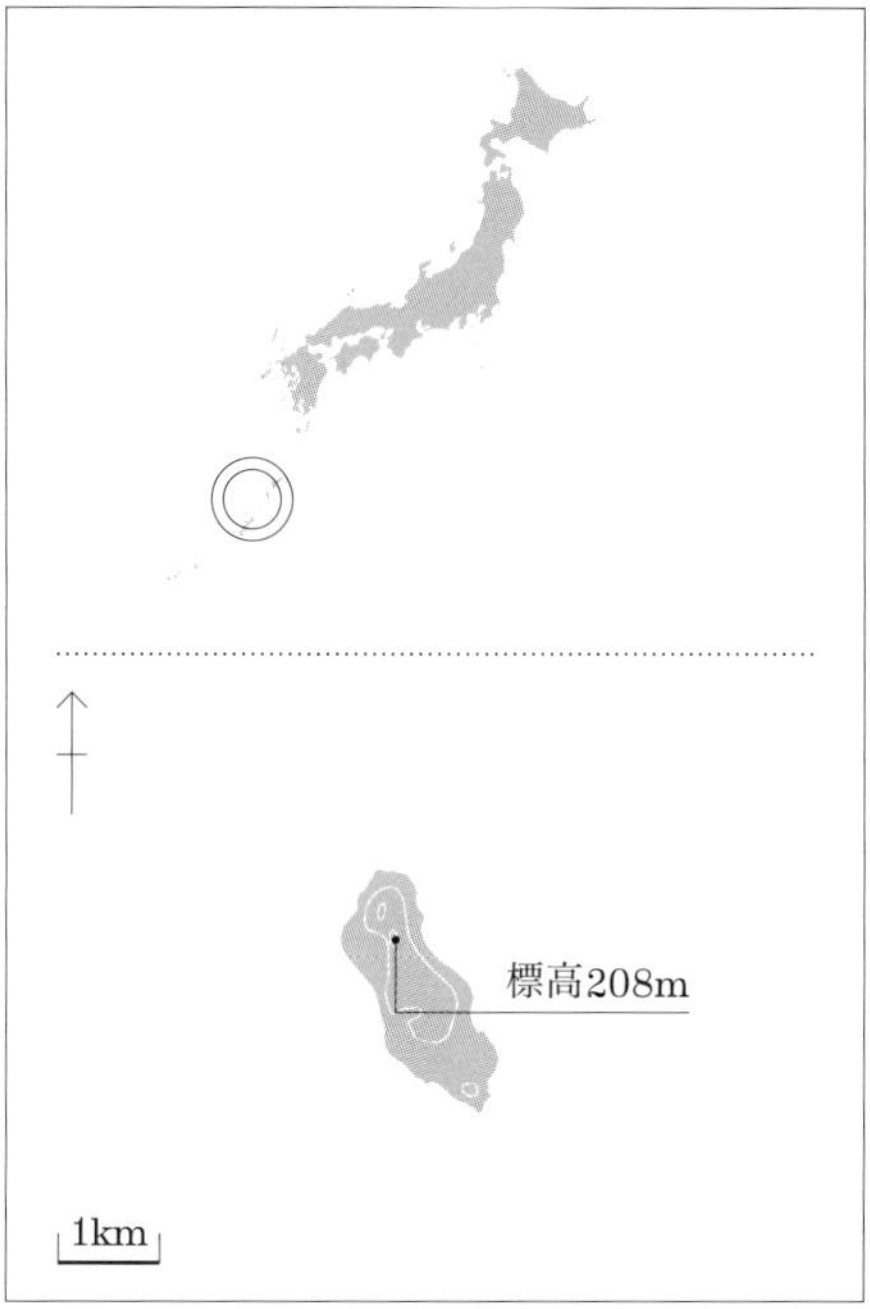

この島の歴史上いちばんの出来事は、一九〇三年の大爆発だろう。翌年にかけて、硫黄採掘員九三人を除く島民五四八人が二〇〇キロも離れた久米島に移住した。そこで新たに「鳥島」という名の集落をつくったという歴史がある。硫黄鳥島の過去の噴火では、多数の死者を出していたが、このときは、一人の犠牲者も出すことがなかった。硫黄鳥島の集落を「丸ごと」遠くの新しい土地に移すという大胆さ……。

約五〇〇人もの全島民が移り住んだ先は、久米島。具志《ぐし》川《かわ》間《ま》切《ぎり》仲《なか》泊《どまり》の海岸沿いに、碁盤の目のように道が整備され、近代的な集落がつくられた。この新しい集落は「字鳥《あざとり》島《しま》」と呼ばれ、移住から一〇〇年あまり経過した今も、集落や道路がほぼ当時のまま残っている。

当時、島尻郡長だった齋藤用之助の先導によって、故郷を捨てて新しい集落を築いた移住者。移住を終えたとき、齋藤用之助は住民に向かって「これから、この地をみんなの故郷とするのだ」と力強く声をかけたという。さらには、鳥島集落（硫黄鳥島出身者）の方言は久米島や沖縄中南部の方言とは異なり、徳之島の方言との共通点が多かったというから、新しい集落を受け入れる久米島側の対応も寛大なものだったのではないか。

久米島の鳥島集落を歩いてみる。フェリーが発着する兼城港から近い。静かな集落の端には七嶽《ななうたき》神社がある。

硫黄鳥島にあった七つの御嶽から採取した砂を壺に納め、合祀した神社。ここでは、毎年二月に移住記念式典が開催されている。境内の鳥島移住記念之碑は、移住した一九〇四年に建てられた。そこには「移住してきたこの地が子孫を繁昌させるべき永遠の居住地である」との意が刻まれている。

新天地（久米島）に新しい集落をつくったという、硫黄鳥島のケースは幸せだったのだろう。移住というと、移住先がバラバラになるケースが多いためだ。たとえば、全島民離島で一九七〇年に無人化した臥蛇《がじゃ》島の場合は、島民は鹿児島市をはじめ全国に散らばって、それぞれの新しい生活がはじまった。臥蛇島が無人化した一〇年後を記したルポルタージュ『トカラ　海と人と』の一節に、こんなくだりがある。

「こまんか（小さな）カマ小屋でもよかから、どこか臥蛇島部落をつくってくれればよかったのにねえ。そすればみんなが一緒で、こげな苦労もせんですむとよ」と、当時六四歳の肥後タミさん（元島民）の思いが綴られている。故郷を失う辛さというのは、人間がはなればなれになってしまう辛さでもある。

今の硫黄鳥島は、どうなっているのだろう。

活火山島なので、海岸には「端の浜温泉」という温泉がわいているという。ごくごく一部の秘湯マニアや釣り人などは、海の穏やかな時期にお湯に浸かっているという――。ただし、漁船をチャーターし、上陸用のゴムボートも必要とのこと。そんな酔狂な「上陸記」をネットで眺めていると、かつての硫黄搬出に使われた建物やトロッコのレール束が、今も島には残存しているようだ。

上｜七嶽神社
下｜久米島にある現在の鳥島集落

№ 06

沖ノ鳥島

日本最南端

OKINOTORI-SHIMA

東京都
小笠原村
沖ノ鳥島

秘島度 | ★★★★★
面積 | 北小島7.86m²
東小島1.58m²
周囲 | 11km（環礁周囲）
人口 | 0人
アクセス | なし

東京から約1735km、
小笠原（父島）から約910km

1543年スペイン船に存在が確認され、1789年イギリス船によって「ダグラス・リーフ」と名づけられる。1922年日本船「満州」が測量を行う。1931年に日本領として「沖ノ鳥島」と命名され、東京府小笠原支庁の所管となる。海面に出ている2つの岩が、波の浸食によって海面下に消えてしまう恐れがあるため、1987年（～93年）に北小島と東小島の護岸工事が行われた。

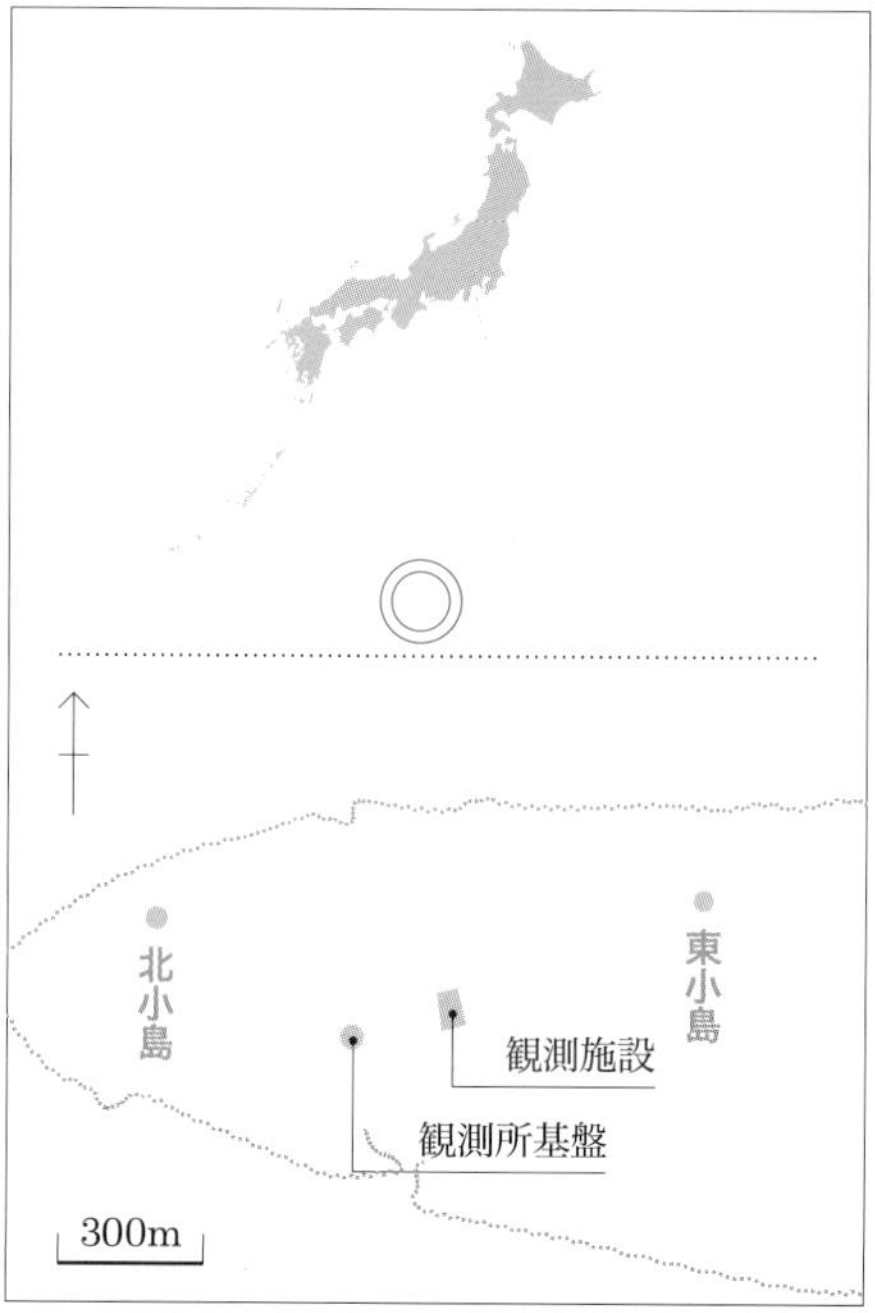

日本最南端の沖ノ鳥島。

沖ノ鳥島を平面で見ると、真っ青な海に広がる楕円形の広大なリーフ。環礁周囲は一一キロもあって、その中に「点」のように、東小島（旧称：東露岩）と北小島（旧称：北露岩）が浮かんでいる。まるで、南太平洋のサンゴ礁の国々を思わせる形状――。

何より人を惹きつけるのは、この島の「あやうさ」「脆さ」だろう。波の浸食によって島がやせ細り、満潮時にはほとんどが海面下に沈んでしまう。そう、沖ノ鳥島は「消えてなくならないか、大丈夫か……」という放っておけない気持ちを喚起させて、人を惹きつける。地球温暖化による海面上昇によって、国が水没の危機に瀕しているといわれる、南太平洋のツバルとよく似ている。

沖ノ鳥島は、潮が満ちてくると水位は上昇し、環礁の中に東小島、北小島の二島がちょこんと頭だけを出しているという、あやうさだ。高潮時には東小島はわずか六センチ、北小島でも一六センチほどの海抜しかないというから、まさに海面スレスレの消滅の危機だ。

「実際、一九三〇年には、環礁内に六つの露岩の存在が記録されていたが、一九五二年には一つ減って五つになり、さらに一九八七年には、北小島と東小島の二つを残すだけとなってしまった」（『国境の人びと』）とある。

なんとも消失のスピードがはやい……。本来、沖ノ鳥島は外縁がリーフで囲まれている。そのリーフが、天然の「波よけブロック」になるはずなのに、なぜ、かくも波の浸食が激しいのか……。沖ノ鳥島周辺は、台風が多く、波やうねりも高い。そんな厳しい環境のために、リーフ内に波がバシャバシャ入り込み、島がどんどん削られていく。

そのため、一九八七年から北小島と東小島に鉄製消波ブロックの設置とコンクリート護岸工事を施し、東小島にはチタン製防護ネットを被せて、消滅寸前の岩を保護している。これらの費用がしめて二八五億円。露岩の面積は二つ合わせてわずか畳六枚分だから、沖ノ鳥島は、畳一枚四七億五〇〇〇万円の日本一高価な土地ということになってしまった（日本船主協会HP参照）。これもひとえに、排他的経済水域確保のため、だ。

さらには、二〇一〇年に国土交通省が七五〇億円を投じ、沖ノ鳥島の西側に港湾設備、岸壁、泊地、臨港道路などを建設し、輸送や補給などが可能な活動拠点をつくることを決定した（二〇一六年度完成予定）。昨今の中国による「沖ノ鳥島は島ではなく、（排他的経済水域が認められない）岩ではないか」という主張に対抗する、「島化」国家プロジェクトといえる。よって、土地の「坪単価」はさらに高騰することに……。また、不穏なこともある。地球温暖化によって、今後一〇〇年間で約四〇センチの海面上昇も予想されている。もしそうなると残っている二つの島は、いくら防波堤を築いても、間違いなく水面下に消えてしまう。そのために、今あるものを守るだけではなく、サンゴ礁そのものを増殖できないかという取り組み調査もはじまっている。

こうして、徐々に「要塞化」「プロジェクト化」する沖ノ鳥島。いずれも喫緊の課題に対する、重要な取り組みだろう。でも、もともとの原形をとどめなくなればなるほど、なんだか昔の吹けば飛びそうな「脆さ」が愛おしい。昭和の沖ノ鳥島は、護岸工事が行われる前の「岩の哀愁」が漂っていた。波に洗われ、削られて、今にも根元から折れそうなキノコのようだった。

1987年に撮影された北露岩

№ 07

南鳥島

日本最東端 — MINAMITORI-SHIMA

東京都
小笠原村
南鳥島

秘島度 | ★★★★
面積 | 1.51km²
周囲 | 5.56km
人口 | —
(駐在:政府職員約25人。気象庁、海上自衛隊、関東地方整備局)
アクセス | なし

東京から約1950km、
小笠原(父島)から約1100km

1543年にスペイン船によって発見されたといわれる。1860年頃、アメリカ人宣教師によって「マーカス島」と名づけられた。1896年、小笠原(母島)から23人が移住。1898年に日本領土となり南鳥島と命名された。1933年頃に無人化したが、1935年以降は軍事要塞化がはじまり、約4500人の兵員が配備された。1968年に小笠原諸島が返還され、海上自衛隊南鳥島航空派遣隊と気象庁南鳥島観測所が設置され、業務を開始。

日本でいちばん日の出が早い、日本最東端の島。

上空写真を見ると、ほぼ平らな三角形の形をしていて、ちょっと愛らしい。平らな地形は、火山性の島ではなく、隆起サンゴ礁によってできたためで、最高標高はたった九メートルしかない。平坦ゆえに航空自衛隊機用の滑走路もつくられている。

それにしても、滑走路もありながら「日本国の端っこ」を一般の日本人がアクセスできないという、もの悲しさ……。作家の池澤夏樹が、どうにかこうにか補給船に潜り込んで南鳥島に上陸した紀行文、『南鳥島特別航路』でも読んで、せめてものバーチャル上陸を愉しもう。歩いて一周一時間ほどという島の小ささや、平坦さがよく分かる。

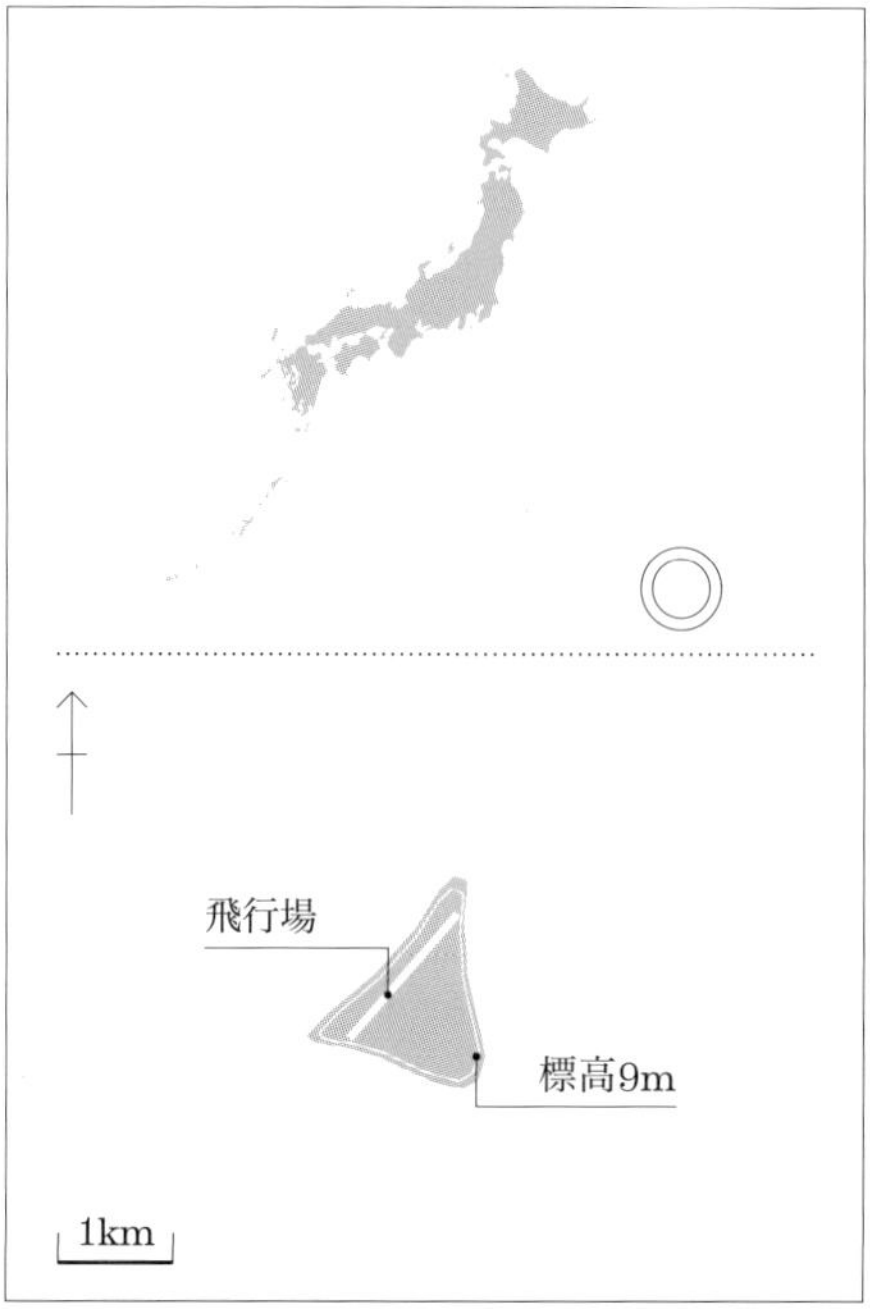

島の歴史は、明治の開拓にはじまる。一八九六年、水谷新六がアホウドリ捕獲のために南洋開拓探検へ出航中、暴風雨に遭ってたまたま南鳥島に漂着した。水谷新六はすぐに小笠原から労働者約二〇人をかき集め、南鳥島に移住させて、羽毛採取のためのアホウドリの捕獲を開始。さらには、化学肥料となるリン鉱石採取の事業もはじめた。

一九〇〇年に人口が七〇人を超えて水谷村がつくられたが、一九三三年頃にはアホウドリの乱獲かつ、リン鉱石が枯渇したため、事業は衰退、無人島になった。開拓当初は島がアホウドリで覆われていたというのに、凄まじい勢いで獲り尽くしてしまった。

当時の労働環境を見てみよう。

一九〇〇年から一九〇三年にかけて渡航した労働者四八人のうち一三人が死亡したというから、過酷な労働環境のみならず、まさに生死をかけた出稼ぎ労働だった。死亡原因の多くは、ビタミンBの欠乏症、いわゆる脚気《かっけ》であった。さらに台風による高潮、飲料水の汚染、赤痢の蔓延にも苦しめられた。「羽毛採取やはく製作業後に捨てられた鳥肉は腐敗して悪臭が充満し、衛生状態は最悪であった」（『アホウドリを追った日本人』）という。

今も、島には多くの無名の墓碑が並んでいるそうだ。

こうした多数の労働者の死亡という事態を受けて、水谷は東京府知事宛てに始末書を提出させられた。そうして、水谷村と呼ばれていた村落は、かつて島に派遣された外務省書記官の名前をとって、石井村と改称された（同参照）。国会図書館所蔵の地図『南方諸島　日本』（海軍省水路部、一九一三年二月）にも、確かに石井村と記されている……。

アホウドリとリン鉱石が枯渇すると、島民は漁業に従事する数世帯のみとなったが、その数世帯も一九三三年頃には引き揚げて無人化した（「南鳥島の領有と経営」『歴史地理学』参照）。その後は、島の要塞化が進められていく。一九三五年には、旧海軍の施設が建設され、気象観測も開始。飛行場や港などの施設も完成した。一九四〇年、太平洋戦争へ突入すると、空襲も受けはじめる。しかし、何より駐屯兵を苦しめたのは、水不足と飢えだったという。一九四三年、米軍が南鳥島守備隊を攻撃したが、上陸しなかったために玉砕はまぬがれ、終戦となった（同参照）。

最近では、夢のあるニュースも報じられている。

二〇一二年、東京大学の加藤泰浩ら研究チームは島付近の海底五六〇〇メートルにおいて、日本で消費する約二二〇年分に相当するであろうレアアースを発見した、とのこと。およそ一〇〇年ぶりに、また島の開拓の可能性が開けてくるのか。それともアホウドリやリン鉱石のごとく、再び荒々しく資源を削り取ってしまうのか……。

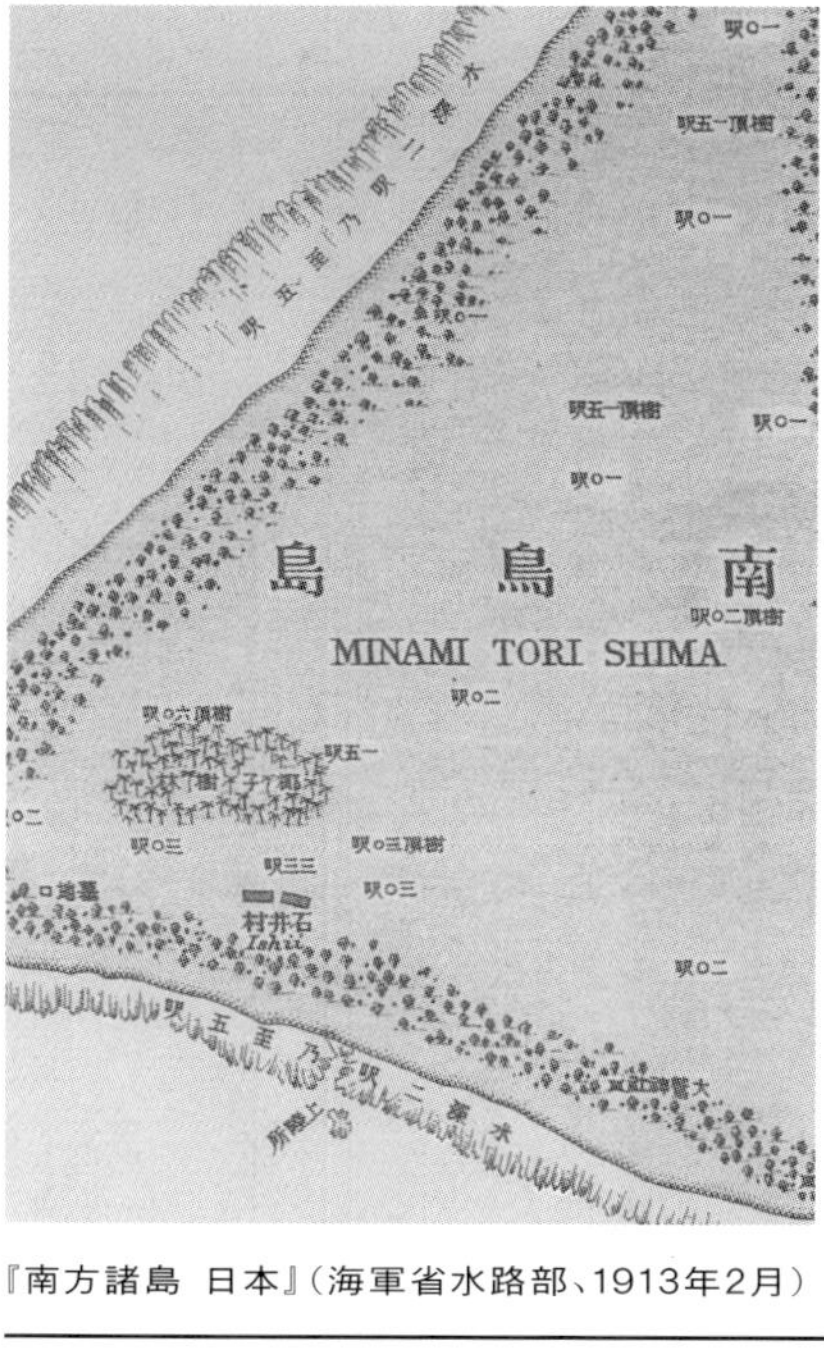

『南方諸島 日本』(海軍省水路部、1913年2月)

№ 08

沖ノ島

神聖さナンバー1

OKINO-SHIMA

福岡県
宗像《むなかた》市
大島

秘島度 | ★★★
面積 | 0.69km²
周囲 | 約4km
人口 | ―
（10日間交代制の宮司が1人）
アクセス | なし

福岡県宗像市（神湊港）から約55km、（筑前）大島から約50km

古来、漁民の尊崇あつく、「御不言様《おいわずさま》」と呼ばれ、島の有様については一切口外が許されなかった。日露戦争時に、陸軍の防衛基地が設置されてから島の様子が世間に知られるようになる。1954年から島の発掘調査が行われ、古代祭祀跡から約8万点の祭祀遺物が出土した。関連遺物すべてが国宝に指定され、「海の正倉院」と称されている。

沖

ノ島は、玄界灘の真ん中に浮かぶ、神の島。神聖さナンバー1、だ。古代より神聖な場所として、崇められてきた小さな島。島全体が御神体として祀られ（島全体が宗像大社の境内地という神体島）、一木一草一石たりとも持ち出してはならないという掟と、女人禁制の伝統を今も守りつづけている。

　一般人（男性のみ）が立ち入ることができるのは、毎年たった一日だけ。五月二七日の大祭の日に限られている。この日は、日露戦争の日本海海戦が開始された日。沖ノ島の北西近海で激しい海戦が行われたため、戦没者の慰霊と平和を願って祭りが行われる。参加者は希望者の中から抽選で約二〇〇人の男性が選ばれ、上陸時は全員が浜辺で裸になって海水で禊《みそぎ》を行い、島内へと入る。形式的なものではなく、「素っ裸」「海中での禊」というのが、いかにも厳粛だ。

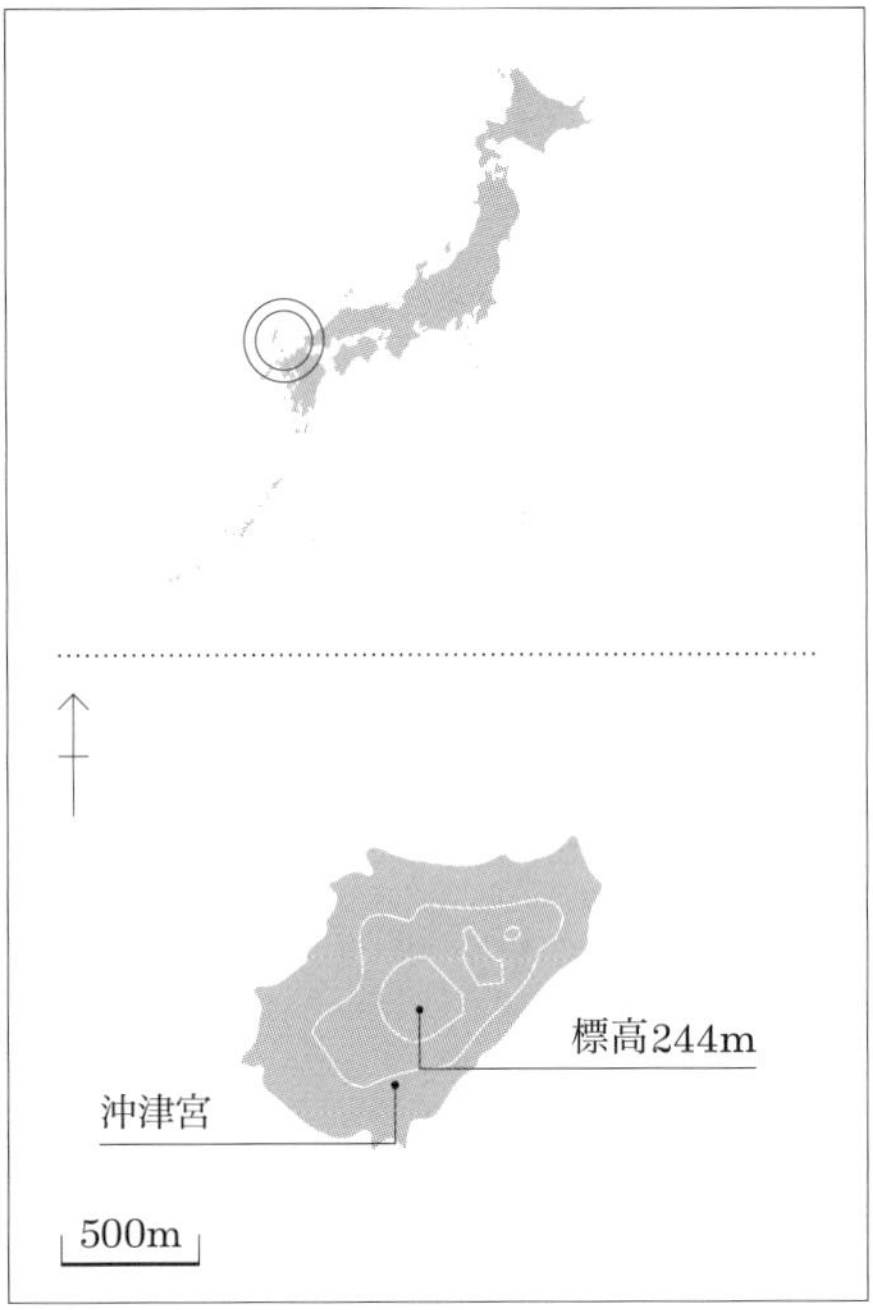

　山の中腹には宗像大社沖津宮があり、宗像三女神の田心《たごり》姫神《ひめのかみ》を祀っている。この沖津宮の近くには、巨岩がたくさん転がっていて、古代はこの巨岩に神が降臨するものと考えられていた。

　人口ゼロの無人島だが、実際には宗像大社から神官（神職）が交代で一人派遣され、島を守っている。一〇日交代制だが、その間、ずっとひとり。

　宗像大社というのは、宗像市田島にある宗像大社辺津宮、（筑前）大島（沖ノ島の南方約五〇キロ）の中津宮、そして沖ノ島の沖津宮、それら三宮の総称。これら三宮の位置は、線で結ぶとほぼ「一直線上」に並んでいる。天照大神《あまてらすおおみかみ》は、田心姫神（長女神）を沖ノ島に、湍津姫神《たぎつひめ》（次女神）を（筑前）大島に、市杵島姫神《いちきしまひめ》（三女神）を宗像市田島に遣わしたとされている。三人の女神が一体となって、北部九州から大陸へと渡る「海の道」を守ってきた。

　実際に沖ノ島に上陸した、写真家の藤原新也は『神の島沖ノ島』で、沖ノ島の美しさを次のように語っている。

「玄界灘には数多くの島が眺められる。だがこれらの島々は〔沖ノ島と違って〕私の眼には一向に神々しいものには見えなかった。それが神々しいものに見えないひとつの理由はそれらは諸島であり、群れているからではないかと思う」

　このように、島や自然が神格化される動機は、見た目の「孤高な美しさ」が大事であろうという考えが述べられている。「群れていない」「孤高」という「島の見た目の神々しさ」は、沖ノ島に限らず、秘島に惹かれる要素としても、きっと大きい。

　沖ノ島へ渡れる、年にたった一度の機会をつかまえるのは、なかなか難しい。ならば、宗像市から（筑前）大島に渡ってみよう。宗像三女神のひとつ、湍津姫神を祀る宗像大社中津宮が、御嶽山のふもとに佇む。さらに、北側の岩瀬海岸に出ると、沖津宮遥拝所《ようはいじょ》がある。この遥拝所は、女人禁制である沖ノ島に行けない女性らが、沖ノ島の沖津宮を参拝するために建てられたもの。

上｜大島の沖津宮遥拝所
下｜沖津宮遥拝所から沖ノ島を眺める……

この遥拝所の先、約五〇キロの沖合に沖ノ島が浮かんでいる――。

大海原に目を凝らす。

沖ノ島が、見え、る。いや、見え、ない……。

晴天の日には、肉眼でも沖ノ島を確認できるという。しかし、訪れた日はやや水平線がかすんでいたせいか、双眼鏡を使っても見えなかった。沖合を航行する貨物船が、島影のようにも映るが、沖ノ島ではなかった。

遥拝所で、海に向かって合掌。

№ 09

鳥島

漂流物語ナンバー1

TORI-SHIMA

東京都
八丈支庁

秘島度 | ★★★★
面積 | 4.79km²
周囲 | 6.5km
人口 | 0人
アクセス | なし

東京から約580km、
八丈島から約300km、
青ヶ島から約230km

江戸時代は難破船がしばしば漂着。土佐の漁師・野村長平はアホウドリを食べて12年間生活し、生還。また、漂着したジョン万次郎ら5人は、5か月後にアメリカの捕鯨船に救助された。1887年にアホウドリ捕獲のための開拓がはじまり、1902年の大噴火では、移住した島民125人全員が死亡。再入植ののち、1939年の噴火で島民が引き揚げて無人島になる。1947年には中央気象台鳥島測候所が設置されたが、1965年の火山活動による地震で閉鎖。以降、定住者はいない。

鳥

島の名の通り、かつてはアホウドリが島の平坦地を埋め尽くすように覆っていた島。一八八七年、八丈島の玉置半右衛門らによる入植によって、本格的な開拓がはじまった。開拓というと聞こえはいいが、逃げない鳥、アホウドリ捕獲のための撲殺事業だった。アホウドリの羽毛は、当時のロンドン市場において高値で取引されたため、主に高価な布団や装飾用として輸出された。

「一人一日百羽、二百羽を殺すとは至難にあらず…」（『アホウドリと「帝国」日本の拡大』）とあるから、想像を絶するアホウドリの撲殺がはじまった。一九〇二年までの一五年間に六〇〇万羽にのぼるアホウドリを撲殺して、玉置半右衛門は、膨大な富を築いた（一八九六年には、全国の長者番付にも名を連ねたという）。そうした「開拓」で玉置村ができ、一九〇二年には人口一二五人を数えた。しかし、同年八月の火山爆発で島の半分が吹き飛び、住民全員が亡くなるという惨事が起こった。政府の派遣による探索が行われたが、遺体発見はゼロで、「アホウドリの祟り」と恐れられたという。

　その際、玉置半右衛門自身は島におらず無事で、……なんと翌年の一九〇三年には出稼ぎ労働者二九人を派遣して、羽毛採取を再開。アホウドリの減少により、ようやく採取が禁止されたのは一九三三年（現在アホウドリは、国の特別天然記念物に指定）。でも、その前に玉置半右衛門は、鳥島のアホウドリ減少を見越して、次の「草刈り場」として、八丈島から約一二〇〇キロも離れた南大東島・北大東島の開拓に着手している。なんとも海賊的に逞しい人だ。

　一九四七年には中央気象台鳥島測候所が開設され、台風観測の拠点となっていたが、一九六五年に激しい火山性地震が起こり、全員引き揚げて無人化。以降、定住者はいない。

乱獲により、てっきり絶滅したと考えられていたアホウドリは、一九五一年に棲息が確認される。アホウドリは一五〇年ほど前には北西太平洋の島々に分布していて、個体数は少なくとも数十万羽いたと考えられているが、現在は全世界で鳥島と尖閣諸島にしかいないといわれる（近年はミッドウェー環礁、小笠原諸島でも一部確認）。鳥島に限らず、一九世紀後半から二〇世紀前半にかけて、羽毛を採取するために、世界各地で乱獲されたためだ。

東邦大学の長谷川博名誉教授によると、鳥島の総個体数は三五四〇羽（二〇一四年）と推定されている。尖閣諸島の総個体数は五〇〇羽程度と考えられ、全世界の個体数の大部分は鳥島に棲息しているとのこと。

いやはや「かつては節操なく、どれだけアホウドリを獲ったんだよ……」と突っ込みたくなる。このことは鳥島を舞台にした物語からも窺える。鳥島は秘島の中でも、ピカイチ物語が豊富な島。『漂流』（吉村昭）は、江戸末期に漂流してこの島に流れ着き、アホウドリ（生肉と干物）を食べて生き延びた、土佐の船乗り（野村長平）の話。一方、『孤島』（新田次郎）は、戦後の鳥島駐在気象台員の孤独と苦闘の話。それぞれの島の描写から、アホウドリがすっかりいなくなってしまうまでの変遷がよく分かる。

それにしても、いったん失われたものを蘇らせることの苦難は大きい。鳥島に通いつづけ、保護研究活動にあたった長谷川名誉教授の記録（『アホウドリに夢中』）を読むと、そのことがよく分かる。かろうじて生き延びた一七〇羽のアホウドリを三五四〇羽にまで増加させるのに、約四〇年……。

もしも叶うならば、かつての玉置半右衛門に諭したい。後世は、こんなにも手間と時間がかかっていると。

手前の人工物は中央気象台鳥島測候所の跡

№ 10

西之島

スクスク育つ島 ― NISHINO-SHIMA

東京都
小笠原村
西之島

秘島度 | ★★★★★
面積 | 2.55km²
（2015年3月1日時点）
周囲 | ―
人口 | 0人
アクセス | なし

東京から約950km、
小笠原（父島）から約130km

1702年、スペイン船ロザリオ号が発見、
「ロザリオ島」と命名。
1911年、日本軍艦「松江」が測量を行い
火山島であることを確認。
1973年、西之島東方で海底火山が
噴火し、新島が出現。「西之島新島」と
命名。翌年には新島と旧島が
つながっていることが確認される。
2013年にも大規模噴火が生じ、
再び西之島の近くに新島が出現。
度重なる噴火により、新島と西之島が
一体となり、2015年の現在も
噴火と島の成長がつづいている。

日本の海では、多くの新しい島が生まれては消えてきた。このうち、現存するのは西之島と鹿児島県の昭和硫黄島だけだ。

とくに海底火山の活動が盛んな小笠原諸島の福徳岡《ふくとくおか》ノ場《ば》では、二〇世紀だけでも新島が三回出現したが、いずれも波に浸食されて消えた。伊豆諸島の明神礁《みょうじんしょう》でも、一九五二〜五三年に新島が三回出現したが、いずれも消滅。マグマ水蒸気噴火の噴出物は軽石状でもろいため、陸地ができても波による浸食で消えてしまう。島が安定して残るためには、継続的に溶岩が流れ出て、固まっていくことが重要だという。

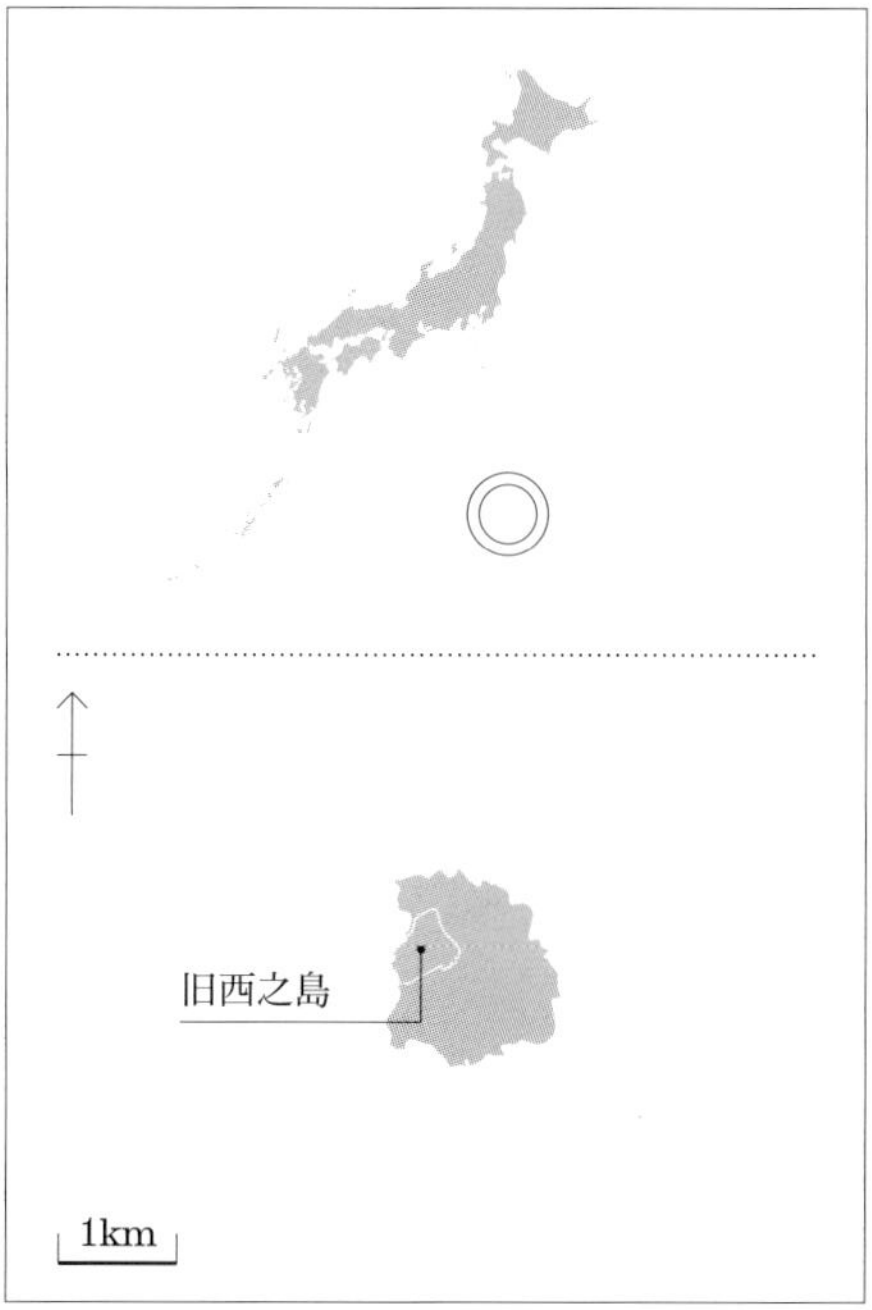

さて、この西之島の変遷は目まぐるしい。

現在も島がどんどん拡大しているという意味でも「新しさ」という意味でも「今後の変化」という意味でも、ナンバー1だ（前頁に掲げた写真は、二〇一五年二月二三日時点のもの。海上保安庁撮影）。

一九七三年の噴火が起きるまでの西之島（旧島）は、面積〇・〇七平方キロだった。一九七三年から翌年にかけての噴火により、新島が形成され、旧島と新島が「コ」の字型（馬蹄型）につながり、内側に湾を持つ島となった。一年に及ぶ噴火が収束すると、新島は波で削られて失われていくはずが、削られた土砂が波で運ばれて湾内に堆積。一九九九年時点での面積は〇・二九平方キロになった。

そして、近頃メディアを賑わせた、新島誕生のニュース。二〇一三年一一月から、四〇年ぶりに噴火が起こり、島に新しい陸地が出現。当初は西之島から離れた新しい島だったが、噴火活動の継続により、一二月には西之島とドッキング。

そして、噴火から一年以上が経過した二〇一五年に入っても、噴火はつづいて島はまだ成長している。海上保安庁の計測によると、面積は二・五五平方キロ（二〇一五年三月一日時点）というから、一九九九年時点（〇・二九平方キロ）と比べると、約九倍にもなる。この面積は、東京ドームの約五五倍にも相当する。上空からの画像を見ると、もう旧西之島は新しい溶岩にほとんど呑みこまれてしまっている。

島の成長により、同島を基点とした日本の領海が拡大するといった話や、排他的経済水域（ＥＥＺ）も広がることになるという、生々しい話も聞こえてくる。

でも、西之島は小笠原の世界遺産の区域に含まれているから、もっと外に開かれた話のほうが面白い。西之島と並んで、海底火山の噴火から新島を形成した典型例として有名なアイスランドのスルツェイ島も、同じく世界遺産だ。生き残っている「新しい島」は、世界でも数少ない貴重な島だ。これらの新しい島は、進行中の生態変化が研究できる稀有なフィールドとして、注目を集めている。島ができ、生き物がどのように棲みついていくのか。海鳥が島にやってきて、植物の種を運び、やがて緑に覆われていく……。そんな、途方もなく時間がかかる生態系進化のプロセス。

そんな進行形を観察できる島があるということは、胸が躍る。なぜなら、既存の秘島の多くは、無人島であっても、人の手によって自然を何かしら歪めてしまった島が大半だからだ。無人の島に人が上陸して、ネズミを持ち込んでしまう。ヤギや猫など、外来種を持ち込んでしまう。それによって島固有の生態系が大きく歪められる。またはアホウドリなどの海鳥を獲り尽くしてしまう……。そのようにして秘島には、人の手によって消えていったものが多くある。そういう意味で、西之島は消えていくプロセスではなく、生まれゆくプロセス。なんだか人間の成長のように、見守りたくなる。

旧島と新島が接続（2014年1月12日撮影）

№ 11

硫黄島

激戦の歴史 ― IO-TO

東京都
小笠原村
硫黄島

秘島度 ｜ ―
面積 ｜ 23.73km²
周囲 ｜ 22.0km
人口 ｜ ―
（駐在員：海上・
航空自衛隊、
施設工事関係者、
約400人）
アクセス ｜ なし

東京から約1250km、
小笠原（父島）から約300km、
サイパン島から約1200km

1543年スペイン船が島を発見。

1889年父島の住民、田中栄次郎らが漁業と硫黄採取を目的として入植し、島の開拓が開始される。

1891年勅令により、日本領土に編入。

1944年の人口は1164人。軍属として徴用され、地上戦に動員された島民は103人。1944年、軍属・徴用を除く全島民が硫黄島を離れたため、島民が生活を営んだ硫黄島村の歴史は幕を閉じた。

太平洋戦争の硫黄島の戦い。一九四五年二月から三月にかけて行われた島の攻防で、日本軍二万一二九名、米軍六八二一名の死者を出す激戦が繰り広げられた。地上戦に動員された硫黄島民も一〇三名のうち九三名が死亡し、生き残った島民はわずかに一〇名。現在でも島の地下には一万柱を超える戦死者の遺骨と、無数の不発弾が残されている。

それにしても、なぜ硫黄島は激戦の島になったのか。

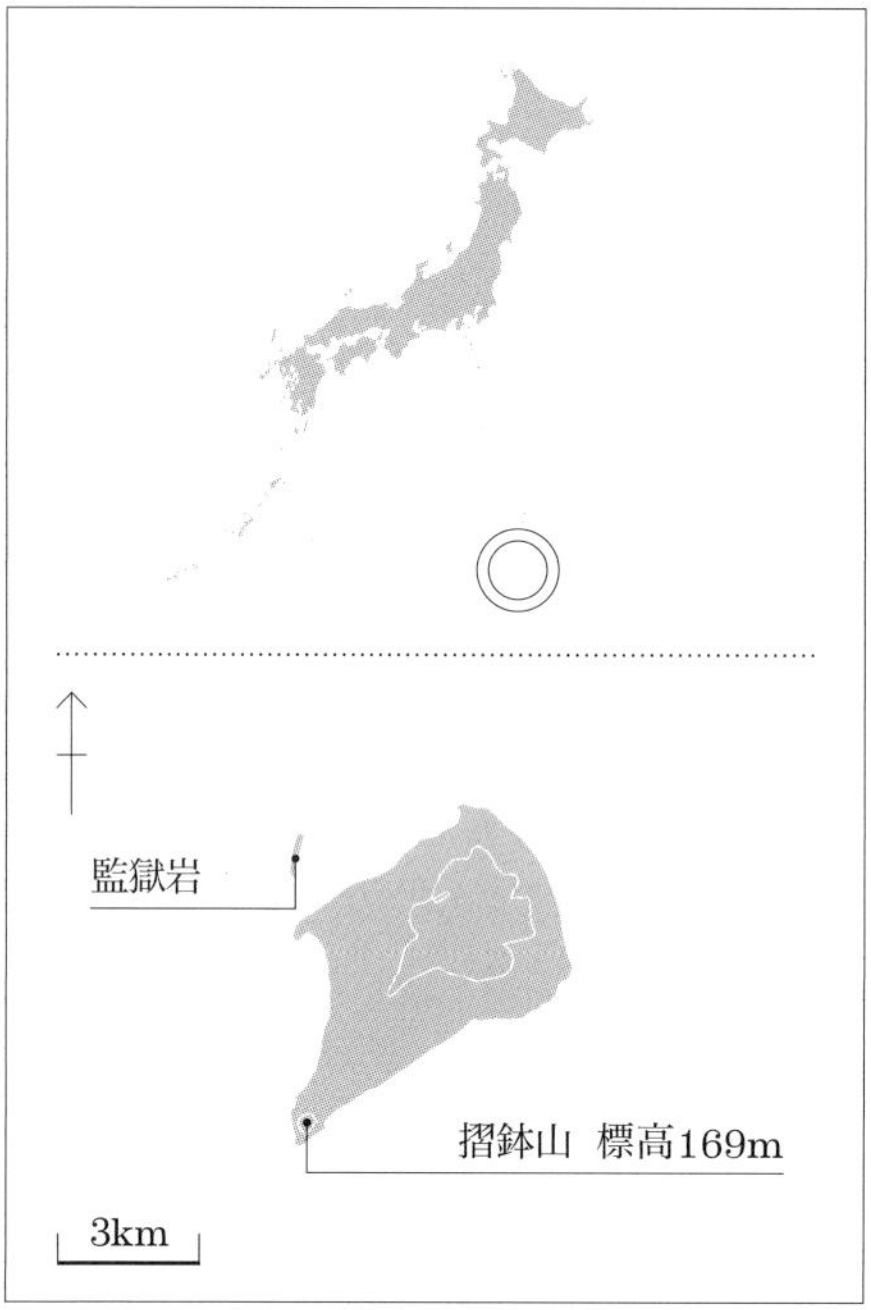

硫黄島で戦った日本軍二万余のうち、九五パーセントが戦死という壮絶さ。それは、島の起伏に乏しい平坦な地形が、滑走路に適していたからだ。

「東京とサイパンのほぼ中間に位置する島は、日本本土に攻め入ろうとする米軍にとって〝洋上の不沈空母〟たりえる存在だったのだ」（『散るぞ悲しき』）。米軍の爆撃機B-29は、サイパンから日本本土へは航続距離がぎりぎりになるために、硫黄島（の滑走路）を手に入れたい。つまり、日本軍は米軍の「本土」上陸を阻止するために、硫黄島を死守しなければならなかった。もっというなら、硫黄島は「本土」防衛の時間稼ぎのために、地上戦の場として「盾」となった。

戦いの中で生きて帰れなかった先人の想いは、いかなるものだったのだろう。地下壕に迫る火炎放射器、とめどもない爆撃。食料や水、武器の補給もなく、援軍も来ない。暑さと飢えと渇き。どんなに辛かったろう。怖かったろう。

一九四五年二月一九日に米軍が硫黄島に上陸し、栗林忠道中将（師団長）率いる日本軍との激闘がはじまる。『硫黄島玉砕戦』では、仔細な取材に基づく実態が掘り起こされている。戦史上は、一九四五年の三月一七日の総攻撃報告（実際に総攻撃をしたのは三月二六日）までの激闘こそが、「玉砕戦」

とされてきたが、生き残った日本軍にとっては「本当の地獄はここからはじまった」という。

つまり、記録上の戦闘の終わりとされる、最高指揮官の栗林が戦死した時点では、まだ島の地下要塞には数千ともいわれる日本兵が生き残っていた。その後の米軍による投降の呼びかけと日本兵の抵抗。米軍による掃討作戦は酸鼻を極めた。投降して捕虜となっても、米軍に殺されるという思いから、歴史には刻まれなかった持久戦が以後二か月ほどつづく。日本軍は統率を失い、組織的な抵抗ではなく、ゲリラ戦の様相を呈していた。生存者の証言として「多くの兵士が申し合わせたように、『おっかさん』という言葉を残して死んでいった」と、『硫黄島玉砕戦』では語られている。

戦後は自衛隊が管理する航空基地が設置され、全島がその基地の敷地とされている。そのため、原則として基地に勤務する自衛隊員以外は島に立ち入ることが禁止されている。また、不発弾爆発の危険性などから、自衛隊員でも立ち入りが禁じられている地域も存在する。

壮絶な歴史を抱えた島、二万余の日本軍が死守しようとした島に、今でも民間人は足を踏み入れることができない。

「これって、あんまりじゃないか?」と思う。一般の民間人のみならず、旧島民による帰島と再定住の希望さえも、「不発弾の存在」と「火山活動」といった理由によって、国が拒みつづけている事実。なぜ小笠原（父島・母島）住民は故郷への帰還が認められ、硫黄島住民（北硫黄島住民も含む）は、未だに帰郷できないのか――。

沖縄同様に地上戦のあった日本の島、硫黄島には今も立ち入ることができない。硫黄島戦記から、当時を想うことしかできない。七〇年という歳月。あの頃も遠くなっていく。

海岸近くから硫黄の煙が立ちのぼる

№ 12

馬毛島

開発に揺れる島

MAGE-SHIMA

鹿児島県
西之表市
馬毛島

秘島度 | ★★
面積 | 8.2km²
周囲 | 16.5km
人口 | ―
(事業所従業者のみ)
アクセス | なし

種子島から約12km

江戸時代から漁師がトビウオ漁の時期に小屋に泊まり込み、漁業基地としていた。明治期からは、牧畜業など本格的な開拓が進む。戦後の緊急開拓で1951年から再び入植がはじまり、1959年には人口528人まで増加。種子島からの定期船も就航した。しかし、干ばつや風害、鹿の食害などで農業の不振がつづき、1965年の製糖工場閉鎖もあって離島者が増加。1980年の全島民離島で無人島になる。1975年頃からは企業による馬毛島買収がはじまり、土地利用を巡って岐路に立っている。

日本には七〇〇〇近くもの島がある。が、馬毛島ほど「きな臭い」島は他にないだろう……。

まず驚かされるのは、「見た目」だ。違法開発が疑われる乱開発（岩石採取、森林伐採、「滑走路」建設）によって、島がマゲならぬハゲ状態だ。なぜ、こんな強引とも思える開発が行われるのか。それは、馬毛島の土地の約九九パーセントを今や開発会社が所有しているためだ。その名はタストン・エアポート社（旧馬毛島開発）。

島が個人の所有だったり、企業所有だったりするケースは、

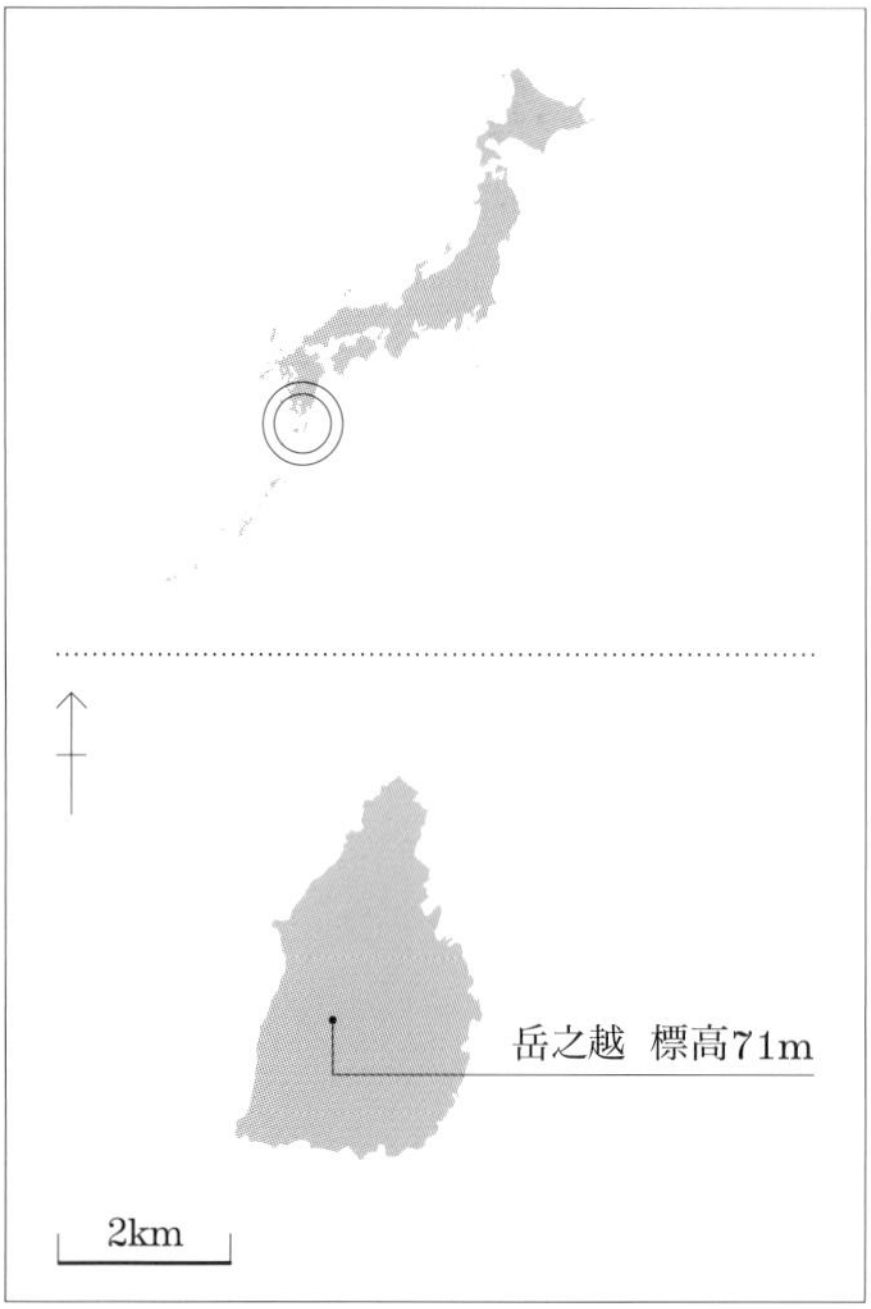

先述の沖大東島のように、確かに存在する。ただ馬毛島の場合は、島全体を「投資先」として、島の土地の買収・開発を急ピッチで進めているであろう点が、なんとも生々しい。急激な開発というのは、南北四〇〇〇メートル級の「巨大滑走路」（さらに東西二五〇〇メートル級の「滑走路」計二本）を建設しており、島の資産価値を向上させる狙いがあるのであろう。いわば「土地転がし」だ。

実際、二〇〇七年には、硫黄島に代わってアメリカ海軍空母艦載機の陸上空母離着陸訓練（ＦＣＬＰ）に利用される可能性が報道されたり、二〇〇九年には、沖縄にある普天間飛行場の移設候補地として検討されたり……と、馬毛島を巡る周辺の動きは何かと騒がしい（それ以前にも石油備蓄基地計画や、使用済み核燃料の中間貯蔵施設建設、日本版スペースシャトル着陸場などが取りざたされた）。

開発に伴う工事の影響で、元の植生が失われた土地は、島の半分近くに及ぶという。この島固有の野生シカであるマゲシカは、朝日新聞の調査（二〇一一年）によると約一〇年で半減している。「［マゲシカの］生息地が今、十字形の『滑走路』工事で無残な姿をさらしている」とヘリコプターからの

上空取材でも記されている。さらには、開発工事の進行とともに、魚も捕れなくなったという。開発に伴って、土砂が海に流れ込んでいるためだと考えられている。

『無人島が呼んでいる』の著者・本木修次は、一九九〇年にこの島へ上陸している。それによると、まだ鬱蒼とした緑があった島の様子が窺える。そして、平坦地が多い地形の特徴も述べられている。そう、広くて平坦地の多い地形ゆえに、「滑走路＝金になる島」として目をつけたのだろう。

無人島のこの島には、かつて一企業に支配されない、普通の暮らしが営まれていた長い歴史がある。

『馬毛島、宝の島』には、当時の暮らしの記録が、写真とともに綴られている。トビウオをはじめとする海の幸。陸では綿羊を飼い、放牧牛が群れる。かつての牧場写真を眺めていると、秘島らしからぬ（?）広々とした平坦な草地が印象的だ。畑ではサトウキビが実り、一九六〇年代には製糖工場もつくられていた――。

鹿児島から種子島に向かうフェリーは、馬毛島の沖を航行する。デッキから双眼鏡で馬毛島を観察してみると、確かに「滑走路」建設で緑が刈り取られている跡が見える。それにしても、本当に平べったい島だ。一点だけ、ポツンと小山があるのが、最高標高（七一・一メートル）の岳之越だ。

島の小中学生がゼロになった一九八〇年に、全島民が島を離れた。それまでの歴史や豊かな自然が、急激な開発によって葬り去られてしまうかもしれない。

島の大半を所有する会社は、土地の所有権をもとに関係者以外の立ち入りを禁じている。

島が無人化するのは、悲しい。

でも、無人化した島が荒らされるのは、もっと悲しい。

上｜種子島に向かうフェリーから馬毛島を遠望
下｜阿久根大島で見られるマゲシカ

№ 13

鳥島

射爆撃場の哀感島

TORI-SHIMA

沖縄県
島尻郡
久米島町

秘島度 | ★★★★
面積 | 0.04km²
周囲 | 1.3km
人口 | 0人
アクセス | なし

久米島から約25km

標高19mの隆起サンゴ礁の島。
大小2つの岩礁からなり、
人が暮らした記録はない。
トゥイシマグヮー（小さな鳥島）、
または久米鳥島とも呼ばれている。
周辺海域は好漁場のため、
戦前から地元漁師によく知られていた。
戦後は米軍の射爆撃場として使用され、
周辺海域を含めて
立ち入り禁止となっている。

や

やこしい。日本には「鳥島」という名称のつく島がたくさんある。先に取り上げた鳥島は、伊豆諸島の鳥島。今回は、沖縄県の鳥島。さらには、先述の沖縄県の硫黄鳥島も今回の鳥島と同じく久米島町に属するので、なんだか混同しやすい。久米島町の二つの島は、近くにありそうだが、実際は約二〇〇キロも離れている。

硫黄鳥島と違って、本項の鳥島には、人が暮らした記録はない。岩礁が多くを占める小さな島。通称、久米鳥島とも呼ばれている。

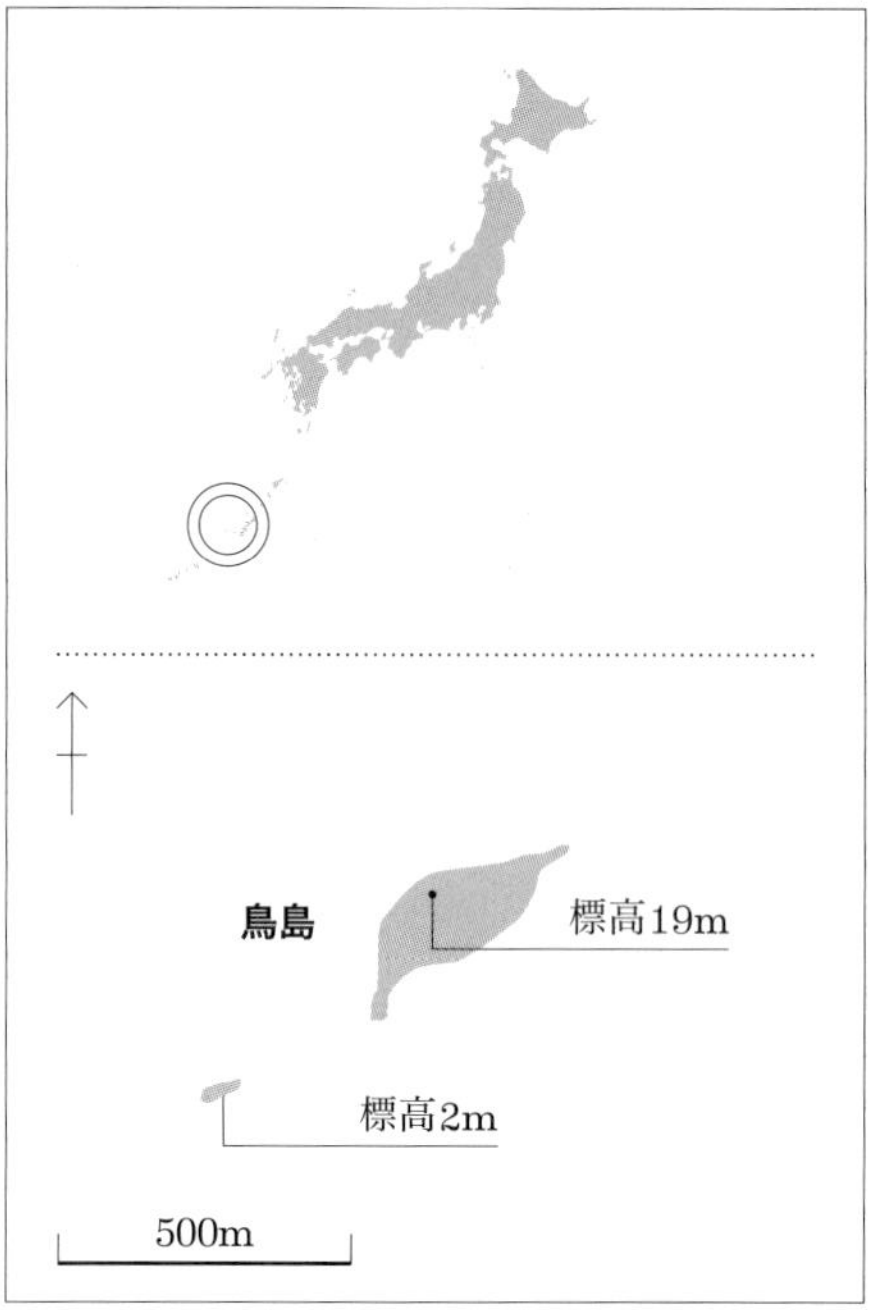

戦後は在日米軍の射爆撃場として使用され、島の地形は原形をとどめないほど変形しているとのこと。水没の危険性もあるらしい。なんだか、気の毒な島だ。

前頁に掲げた上空写真と、国土地理院などの平面地図を見比べても、形状がやや異なっているように見える。爆撃によるものなのか、波によって砂が運ばれて砂州の形が変形しているのか……。

この島がかつて注目を浴びたのは、日本では使用が禁止されている劣化ウランを含んだ焼夷弾が、米軍によって使用されていたというニュース。鳥島射爆撃場で、一九九五年末から一九九六年の初めにかけて、アメリカ海兵隊の攻撃機ハリアーが劣化ウラン弾を一五二〇発誤射した、というのだ。しかも、このことが発覚したのは、二年後だった。

島の形状が、実戦練習によってボコボコにされているだけではなく、土壌や海洋も汚染されてしまったであろう、という悲しい事実──。

劣化ウランは、原発の発電用の濃縮ウランを取り出した後に、大量に残る放射性廃棄物。この途方もない量の核廃棄物の処理として考え出されたのが、劣化ウラン弾だ。劣化ウラン弾は、湾岸戦争ではじめて大規模に投入された兵器。その後のボスニア＝ヘルツェゴヴィナにＮＡＴＯ軍が介入した際も、米軍によって大量に用いられた。帰還兵や地元の住民からは、がんの発症をはじめとする深刻な健康被害が報告されている。「劣化」というのが「弱さ」を想起させるので、最初はピンとこないが、非人道的な恐ろしい兵器だ。

鳥島の最寄の久米島に行ってみよう。

大海原に目を凝らす。久米島の北側（具志川城跡）から、北東方向に小さな豆粒が二つ、遠くの沖合に浮かんでいるのが肉眼でも、かろうじて見える。鳥島を地図で見てみると、リーフの中に二つの島があり、東西約四五〇メートルの島（最高標高一九メートル）と、東西約八〇メートル（同二メートル）の島からなっている。約二五キロ離れた久米島からは、本当に小さな二つの豆粒だ。双眼鏡で眺めてみると、隆起サンゴ礁の島らしく、白っぽい砂地も少し見える。

激しい実弾射撃訓練によって、本当に島そのものが消えてしまうのではないか……。久米島からは、そんな小さくて脆い島のように見える。

島の全域は町有地になっており、二〇〇八年に久米島町長らは船で鳥島の現状を視察している。当時の記事には次のように記されている。

「洋上から確認された鳥島は度重なる爆撃で削り取られたような不自然な岩が目立ち、石灰岩が爆撃で黒ずんでいた。また、至るところに不発弾や砲弾の一部と思われる金属片がちらばっていた」（『琉球新報』二〇〇八年八月二七日）。

東日本大震災以降、放射線被曝の問題が身近になっていることと相まって、この島の「痛めつけられている現状」にも敏感になってしまう。

久米島（具志川城跡）から鳥島を遠望

№ 14

横島

水没し岩礁になった炭鉱島

YOKO-SHIMA

長崎県
長崎市
香焼町

秘島度 | ★★
面積 | 0.002km²
周囲 | —
人口 | 0人
アクセス | なし

長崎市香焼町竹崎鼻から
約0.6km

1892年に有望な石炭層が発見され、高島炭鉱の採掘を行っていた三菱合資会社が、1894年に横島を買収。1897年から石炭の掘削を開始し、12万トン余りを出炭。最盛期は人口約700人となり、小学校も設立されていた。採掘が上手くいかず、わずか5年後の1902年に廃坑。土砂の流出、島の沈下などにより、現在は小さな2つの岩礁だけが、海面に顔を覗かせている。

長崎の島の観光といえば、端島（通称「軍艦島」）が脚光を浴びており、世界遺産への登録も近いといわれている。かつては海底炭鉱の島として栄え、今では無人の「廃墟の島」として、上陸ツアーも人気を博している。

この軍艦島に似た島が、長崎県にもうひとつある。ただし、今はその島の大半は海に沈んでしまい、二つの岩礁だけが海面に顔を覗かせている。

その島が、横島。

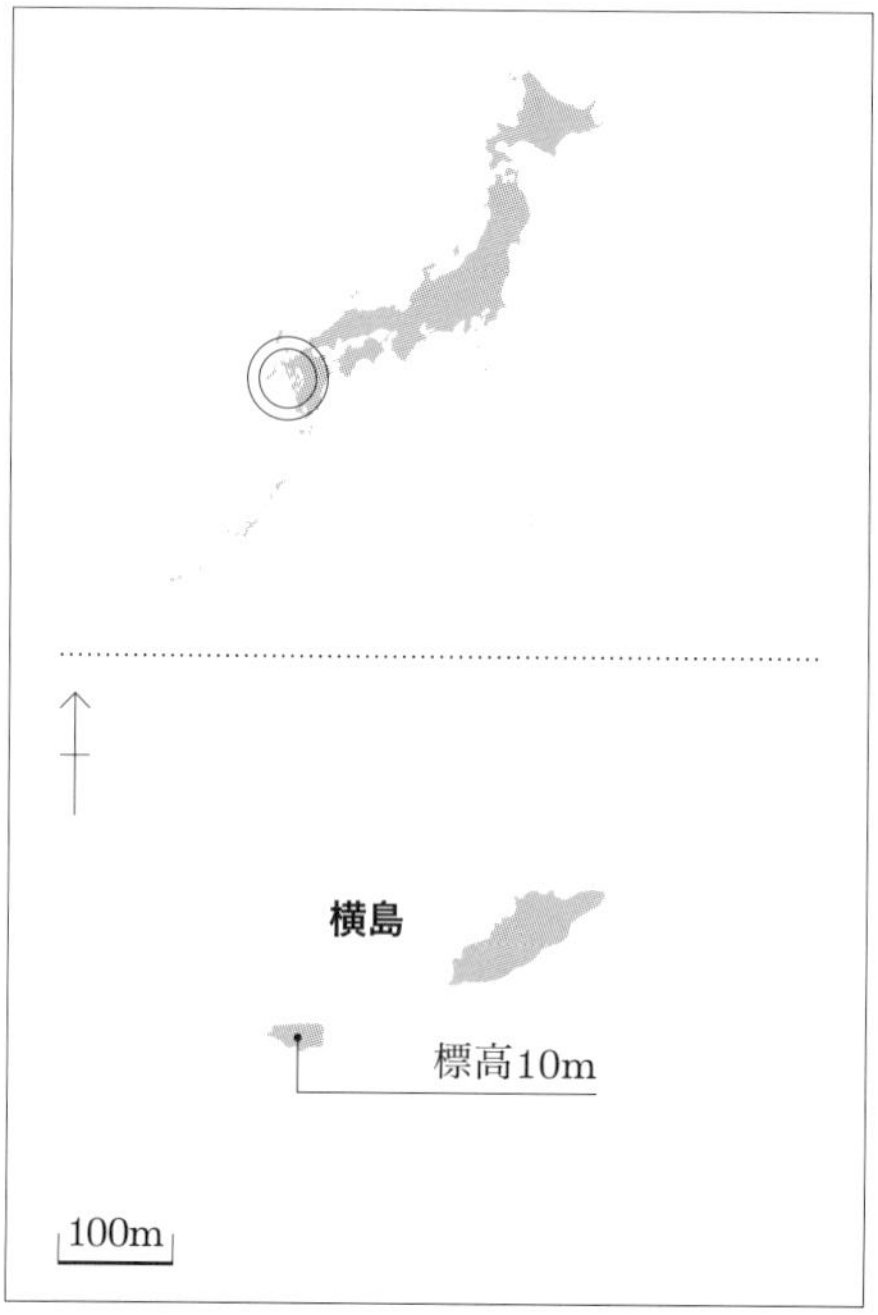

横島はもともと小さな無人島だったが、明治時代に地下炭鉱が発見されたことから、炭鉱の島として栄えるようになった。一八九七年に出炭を開始。最盛期には一三〇戸、約七〇〇人が住み、一九〇〇年には小学校もつくられた。島内には、社宅はもちろん、病院も建設されていた。『香焼町郷土誌』を参照すると、往年の活況が窺える。高い煙突からは、黒々とした煙が吐き出されている。

島の東側には石垣を築いて、約一万四二〇〇平方メートルの埋め立て地が造成されるなど、人工的な炭鉱の島だった。いわば当時の「ミニ軍艦島」だ。しかし、採鉱が上手くいかず（盤ぶくれ）、一九〇二年に廃坑となった。盤ぶくれとは、巨大な地圧で坑道の壁がひしゃげ、天盤が下がり、下盤も隆起してくること。廃坑までの累計出炭量は、約一二万トン。わずか五年という、短命の鉱山だった。

明治時代初期の横島は、東西三三〇メートル、南北六一メートルの大きさで、松の木がまばらに植生していたといわれる。現在の横島はほとんどが水没して、わずかに岩礁が東西二つに分かれて残存しているだけ。

なぜ軍艦島と違って、横島は海に消えてしまったのか。

石炭採掘によって島が沈下崩壊しただけでなく、閉山後は島の埋め立て地の石垣が撤去されたことから、しだいに土砂が流失。一九六五年頃からは、島自体もさらに沈下し、海に浸食されはじめた。

「昭和四〇年（一九六五）ごろ、この横島に大きな変化が起こった。それは山頂の西側の岩礁が徐々に海中に没し、山頂も傾斜して少し沈下、山頂より東側も一部が水没して今日のように二つの岩礁の横島になった。（中略）横島周辺の海底には、往時の石垣の根方の一部が残っており、好釣場でもある」（『香焼町郷土誌』）。

一九七四年に閉山し、無人化した軍艦島と違って、一九〇二年に閉山した横島の当時を知る人は、もう誰もいない。

ＪＲ長崎駅前から、「恵里行き」バスに乗った。

市街地を南に向かって五〇分ほど揺られると、終点に近づき、人影まばらな安保というバス停に着く。そこから二、三分も歩けば、すぐに海岸に出る。

そして、南方約一キロの沖合に、ちょこんと二つの岩礁が見える。

それが、横島。左（東側）にある岩礁には、サメの背びれのような岩が二つ並んでいる。その形は、湘南海岸の烏帽子岩にも似ている。それらの小さな岩が、かつて島であったなんて。ましてや、七〇〇人も暮らしていたとは……。

島の栄枯盛衰——。

炭鉱で栄えたのち、人が去った島。でも、軍艦島と横島のように、人がいなくなった後でも、スポットライトを浴びたり浴びなかったりする「差」が生じてしまう。そんな島の「命運の哀感」を安保地区から眺められる。

横島の東側岩礁

№ 15

臥蛇島

無人化した共同体の島

GAJA-JIMA

鹿児島県
鹿児島郡
十島村

秘島度 | ★★★★
面積 | 4.07km²
周囲 | 約9km
人口 | 0人
アクセス | なし

中之島から約30km、
平島から約25km

古くには平家の落人伝承も残る島。カツオ漁や焼き畑農業など、主に自給自足の生活が行われ、収穫物を集落全体で平等に分け合うという不文律があった。臥蛇島灯台が完成した1940年には、島の人口が133人を記録。しかし、相次ぐ台風の被害や地理的条件の厳しさなどから過疎化が進み、1970年7月の全島民（16人）移住により無人化。

九六九年の東京都・八丈小島の無人化につづいて、一九七〇年に全島民が離島して無人化した鹿児島県の臥蛇島。トカラ列島の小さな島で、周囲は高さ五〇〜一〇〇メートルの断崖に囲まれ、平地がほとんどない。また、臥蛇島の六・三キロ沖には小臥蛇島もある（こちらは、有史以来居住記録なし）。前頁に掲げた写真では、右が臥蛇島、左が小臥蛇島となる。

臥蛇島は一九四〇年には人口一三三人を数え、公式にはピークを迎えた。カツオ漁の基地として戦前四〇戸一八〇人以上とする記述も一部にはある（『日本一長い村トカラ』参照）。

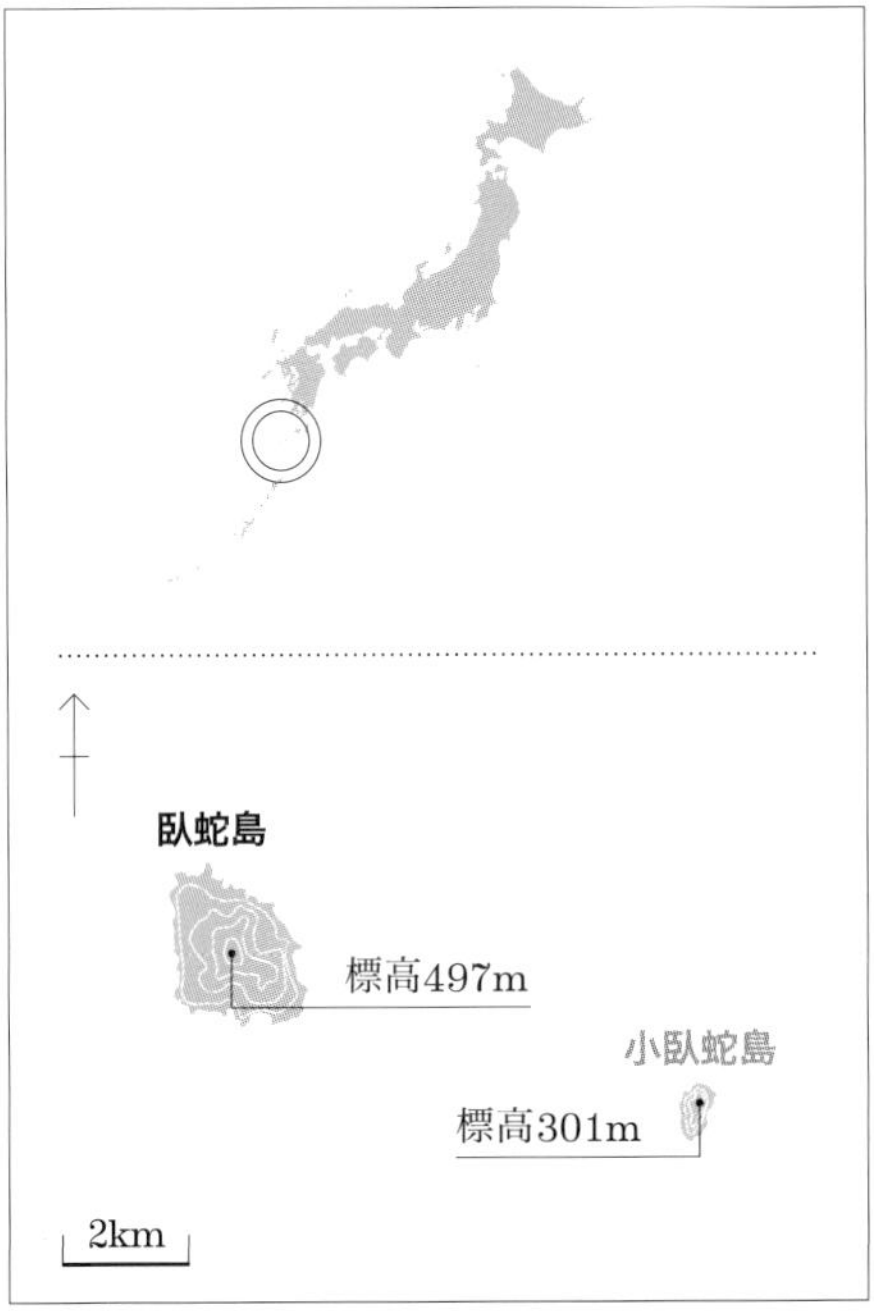

その後、一九六〇年以降になると人口減少は顕著となった。「昭和三〇〜四〇年代の集団就職等による人口減、週一回の定期航路はシケのためしばしば欠航が続き、台風干ばつで全国的に話題となる飢饉騒ぎすら起きた」（同）とあるように、島の苦しい営みがつづく。

とくに無人化前の一九六九年は、島の生活を維持するギリギリの状態だったという。島のライフラインである定期船の通船（はしけ）作業は、一人でも欠けるとできなくなる状態だったというから、島の生命線を切らさないための、島民総動員の日々だったことが窺える。

全島民離島の一九七〇年。最後の日の七月二八日は、四世帯一六人が、鹿児島市、岡山、大阪などに向かった。

詩人・思想家の谷川雁の「びろう樹の下の死時計」（『工作者宣言』）を読んでみる。一九五九年に臥蛇島に約一か月滞在した時の様子が記されている。急峻な崖道に驚きながら、思考が巡らされる。そこに描き出されているのは、貨幣経済の真逆である共同体世界の「豊かさ」だ。「私有の観念の欠如」に「日本の明日」を重ねていたのではないか。

ただ、当時有人だった島の将来の不安をも描いている。「人々の最大の敵は自然であり、言葉を換えれば飢餓と孤独である」、と。

絶海の孤島――。現代の僕らが、「よくもまあ、こんなところに人が住んでいたものだ」とか、「なぜ先祖代々の土地、生まれ育った土地を離れるのか?」と口にするのはたやすい。でも、飢餓と孤独の「重さ」は、体験した人にしか分からないだろう。島での苦しみも歓びも。

無人島になってから、四五年の歳月が経った。この間に貨幣経済は、グローバルな規模となって、もう押しとどめられないところまできてしまった。しかも、それが幸せなことなのかどうか、よく分からなくなってきた。

谷川雁は、臥蛇島の島内で完結した自給自足の共同体に触れて、当時以下のように思考を巡らせている。

「私たちの文明はいったい前進しつつあるのか、停滞状態にあるのか、それとも空洞化して後退しつつあるのか。きりんの首みたいに突きだしているびろう樹の葉を鳴らして、この疑念がいくどもいくども私のほほを熱い風のようになでた。(中略)絶対的貧困のなかで守りつづけられた非所有の感覚は近代をつらぬいて、さらに前方へ穿岩する硬度を持ちうるのではないか」

鹿児島と奄美を結ぶ航路、「フェリーとしま」に乗船すると、口之島から諏訪之瀬島の間を航行中は、臥蛇島と小臥蛇島が併走するようにずっと西方に眺められる。

臥蛇島の灯が消えた、一九七〇年七月二八日。最後の住民を乗せた「十島丸」は臥蛇島の埠頭を離れると、何度も汽笛を鳴らして、島を一周した、という(『トカラ　海と人と』参照)。

上空からの臥蛇島

№ 16

八丈小島

全島民離島の歴史

HACHIJO-KOJIMA

東京都
八丈島
八丈町

秘島度 | ★★★
面積 | 3.08km²
周囲 | 8.7km
人口 | 0人
アクセス | なし

東京から約287km、
八丈島から約5km

平安時代末期の武将、源為朝がこの島で自害したとの伝説も残っている。八丈島同様に流刑地とされた時代もあった。八丈小島から八丈島へは、いかだや小舟では脱出不能と言われ、とくに重い刑を受けた者が流されていた。江戸時代には人口が513人に達した記録があり、島の北西部に鳥打、南東部に宇津木の2村がつくられた。漁業や畜産、テングサの採取などで生活が営まれていたが、しだいに過疎化が進み、1969年には全島民が離島し、無人の島になった。

「全島民完全移住」として、かつて有名になった八丈小島。

なぜ人の住む島が無人島になるのか。しかも、全島民がなぜ揃って島を離れるのか。

その背景には、今日の限界集落と同じく、若い世代が村を離れ、急激な過疎化が進んだことがある。都会の「稼げる仕事」に、島の若者が吸い寄せられていく。

八丈小島では、一九六五年頃から八丈島への全島民移住案が出はじめた。一九六六年の請願を見てみよう。

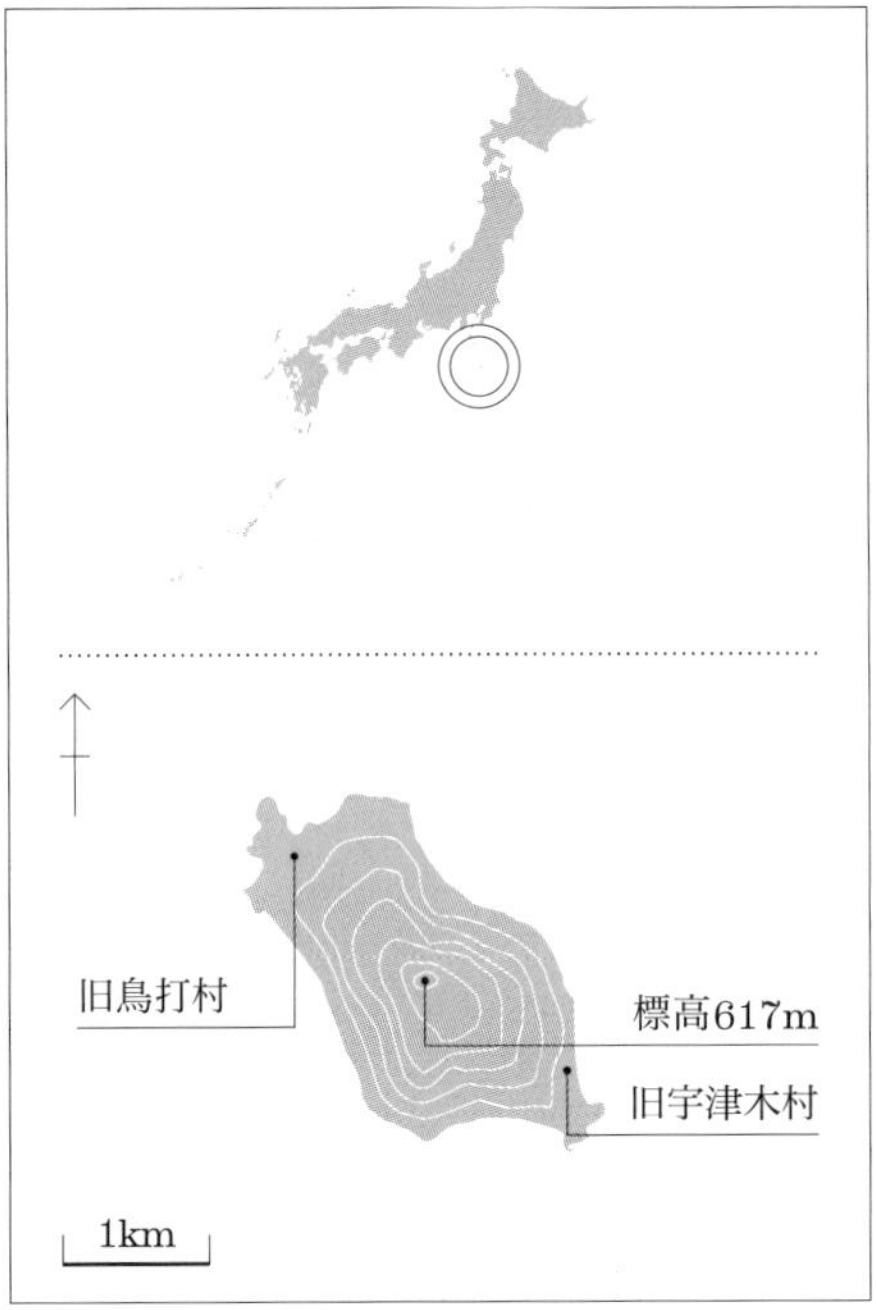

1・急激な人口流出による過疎化
2・生活条件の厳しさ（電話、医療、水道施設がない）
3・経済成長と近代化により経済的に豊かな生活を手に入れるため
4・子弟の教育に対する不安

といった、当時の背景が挙げられている。無人島になる前の人口は九一人（一九六九年四月、宇津木・鳥打集落計）で、江戸時代には人口が五一三人に達した記録があっただけに、全島民離島というのは島の歴史の大きな決断だった。

「ほんとうは、小島の人、ここをはなれたくないんじゃと思う。だけど、若い者が出ていってしまうだけに、さびしく不安なんじゃと思う」（『黒潮の瞳とともに』）と、当時の島民は苦渋の思いを語っている。急激な経済成長のつづく時代だっただけに、成長に取り残される格差と将来の不安は、膨らむばかりだった。

そして、一九六九年に島を離れた島民は、八丈島、東京都内、小笠原へとばらばらに移り住んだ。

あれから、四五年以上が経った。

実際に釣り船に乗せてもらい、旧宇津木村に上陸した。

厳つい島、だ。切り立った海岸線。八丈島から近いとはいえ、潮の流れが強い海。小さい島なのに六一六・八メートルもある太平山がピラミッドのようにそそり立っている。坂道を五〇〇メートルほど進むと、小中学校跡地に着く。そこからは海を挟んで、八丈富士（八丈島）が、大きく見える。あの対岸の「大きな島」に渡れば、ここよりは楽な生活が送れる。四五年前、そういう思いで、苦渋の選択で「大きいもの」に吸い込まれていったのかと想像する。八丈島ならば、その先、東京都内へのアクセスも難しいことではない。

　八丈小島に立てば、その気持ちがよく分かるような気がする。高度経済成長期に自分たちだけが医者もいない島に取り残されていくという焦燥感。カネが何よりモノをいう時代になって、現金収入に対する不安も膨らんでいく。目の前の豊かな海が、断絶の壁のように映ったのではないか。

『黒潮の瞳とともに』を読むと、無人化になる前の島の暮らしや独自の文化がよく分かる。誰もが顔見知りで、互いの不便な生活を助け合う。

「むかしはのう、この島には他火《たび》小屋という小屋がありましたじゃ。女衆が、出産時や月経時になりますと、この小屋へはいっていたものですじゃ」。といったように、八丈小島の老人から伝え聞いた、小島の伝統文化も記されている。文化人類学でいうところの「月経小屋」「忌避」といった古来の文化も、この島には長らく受け継がれていたのだろう。

　歳月は流れて、いけいけどんどんの右肩上がりの時代は終わった。それでも、あれから八丈小島はずっと無人のままだ。時代が変わっても、「大きいもの」に一度吸い込まれると、なかなか元には戻れない。そんな悲哀を島は静かに語りかけてくる。

宇津木小中学校跡から八丈島（八丈富士）が見渡せる

№ 17

屋嘉比島

無人化した銅採掘島

YAKABI-JIMA

沖縄県
島尻郡
座間味村

秘島度 | ★★
面積 | 1.26km²
周囲 | 5.29km
人口 | 0人
アクセス | なし

座間味島から約3.5km、
久場島から約3km

1880年に銅鉱床が発見され、第2次世界大戦中までは銅の採掘が行われた。東海岸側には海抜5～10mの唯一の平坦地があり、鉱山労働者の集落が形成される。戦時中の1945年、米軍の爆撃によって鉱山は破壊され、島民の集団自決も生じた。戦後は閉山し、無人のまま現在に至る。

第一次・第二次世界大戦時には銅鉱の生産地として栄えていたが、空襲で鉱業所は破壊され、戦後は無人島となった（前頁の写真は、右が屋嘉比島、左奥が久場島）。

屋嘉比島とその近くの久場島の銅山採掘についての話は、琉球王国時代や明治の初め頃からあり、第一次世界大戦による銅価の高騰で操業が活発になった。そして、最終的にはラサ工業が「慶良鉱業所（慶良鉱山）」として大規模な採掘を展開（一九三八〜一九四五年）。しかし、沖縄戦でその操業も壊滅してしまった。

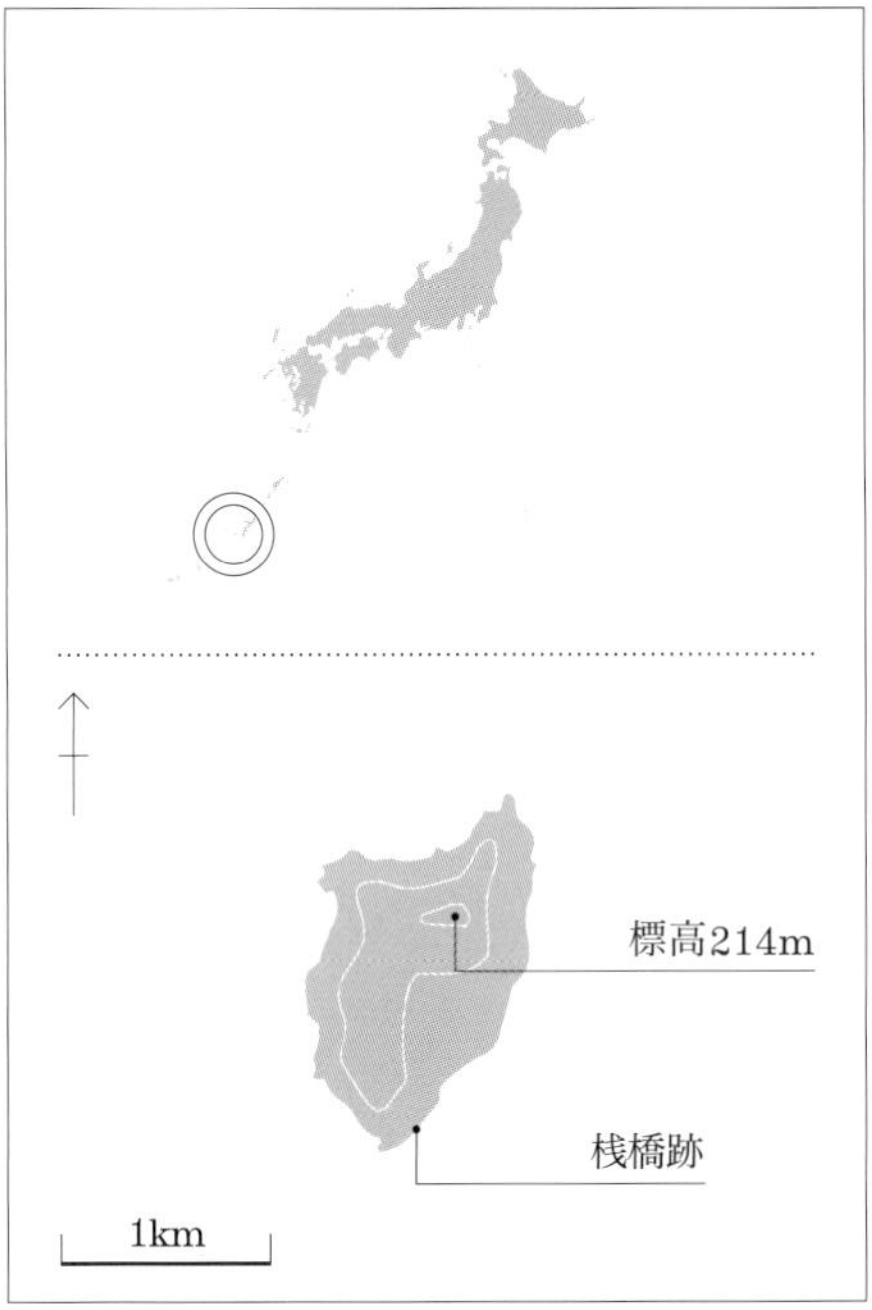

鉱山があった頃は、屋嘉比島・久場島の両島には約一〇〇〇人の人が住み、屋嘉比島は煌々とした光に包まれた「小さな島の大都会」だったという。屋嘉比島には慶良鉱業所住宅や小学校もつくられ、『SHIMADAS』によると屋嘉比島には一時期二〇〇〇人以上が暮らしていた。

銅鉱の操業を行っていたラサ工業といえば、先に紹介した沖大東島（ラサ島）を所有している会社だ。ラサ島で働いた人が、さらに同じラサ工業の慶良鉱山で働いたり、アンガウル島（現在のパラオ共和国）で働いたりしていたというから（『アホウドリと「帝国」日本の拡大』参照）、当時の出稼ぎ労働者による空間移動は壮大だ。

それにしても、ラサ工業の戦前の南進精神はなんだかすごい。屋嘉比島の銅採掘のみならず、メインビジネスであるリン鉱石では、先述のようにラサ島とアンガウル島で採掘を行った。さらには、将来の資源枯渇を見越し、南洋の孤島を探すうちに、南シナ海の新南群島（現在の南沙諸島）にまで至っている。一企業が領有の及ばない南洋の僻地に出かけては、他国や自国の企業に先んじて、権益を確保する。当時は、国家の領有宣言が行われる前に、一企業が利権を求めて海外に雄飛していた。そして、戦時中の一九四二年には、ラサ工業はさらに南の島にも進出する。インドネシアのジャワ島の南、約三七〇キロに浮かぶクリスマス島（現オーストラリア領）においても、リン鉱石の本格的な採掘がはじまろうとしていた（戦況悪化のため撤収）。

さて屋嘉比島は、慶良間《けらま》諸島の座間味島から西に約三・五キロと、近い。座間味島から、船を借りて一五分ほど走る。島の南端には、壊れかけた栈橋跡があり、そこから上陸できる。島に上陸すると、磯の豊かさに驚かされる。生き物の気配が満ちていて、浜辺からパチパチと息遣いの音が聞こえてくる。カニの集団、浅瀬に群がる魚影。浅瀬にウツボもうようよいる。人のいない島は、海の生き物がひしめく楽園だ。

この栈橋跡近くの東海岸に、かつては鉱業所住宅地があった。そして島の中央部には、廃坑が散在していて、その多くは崩壊したり水没しているという。一九四五年三月、屋嘉比島に米軍が上陸した際は、約五五〇人の島民はこれらの坑内に身をひそめた。

屋嘉比島には、天然記念物に指定されているケラマジカも棲息している。

かつて島に暮らした島民の手記には「島は小さくとも豊かな富がそこにはあり、（中略）秋の夜空にはケラマ鹿の鳴き声がこだまする平和で豊かな島であった」（『座間味村史（下巻）』）と記されている。屋嘉比島のケラマジカは、一七世紀に久場島で放し飼いにされた鹿が、海を渡り、島に渡ってきたものだ。海を渡る鹿――。鹿が新天地を求めて上陸したものの、銅採掘で屋嘉比島に多くの人々が暮らしていた頃は、もしかすると鹿もけっこう窮屈だったのだろうか。

上｜座間味島から眺める、屋嘉比島
下｜屋嘉比島の栈橋跡に上陸

№ 18

入砂島

渡名喜島に近い射爆撃場

IRISUNA-JIMA

沖縄県
島尻郡
渡名喜村

秘島度 | ★★
面積 | 0.25km²
周囲 | 約2km
人口 | 0人
アクセス | なし

那覇から約60km、
渡名喜島から約4km

戦前の1933年に入砂島の農地開墾がはじまり、渡名喜島住民により耕作された。入砂島頂上部には4つの御嶽があり、渡名喜島住民の聖地として崇められている。戦後は米軍により入砂島全域が接収され、1948年には射爆撃場に指定された。

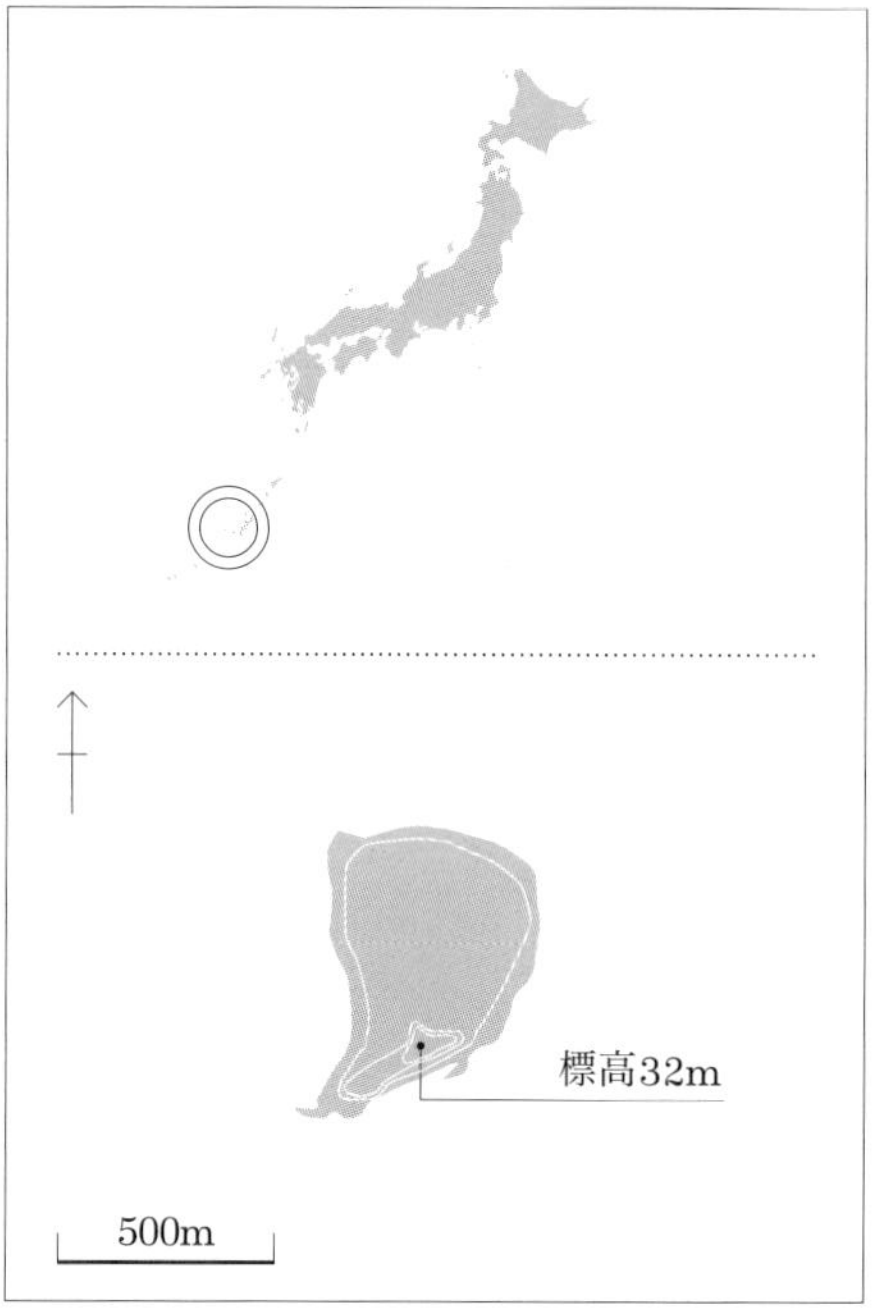

沖縄県那覇市の北西約六〇キロにある渡名喜島。沖縄の離島の中でも、あまり観光地化されておらず、のんびり穏やかな島。真っ白な砂の道に赤瓦の伝統的な家屋が連なっていて、美しい。港近くの磯辺では、島のおばあが夕飯用のタコを散歩ついでのように獲っていた。そんな古き良き離島の渡名喜島のすぐ沖に、さらに小さな島があることを知った。それが、入砂島。

入砂島は、戦前までは渡名喜の島民によって農地が開墾された。開墾工事は一九三三年からはじまり、「二町四反の新畑が開かれた」（『渡名喜村史（上巻）』）というから、おおよそ東京ドームの半分の広さの畑が開墾されたことになる。さらには、新設道路や防風林もつくられた。また、魚介類や海藻の宝庫としても重宝される身近な島だった。とくにタコとエビは、入砂島の名産だったという。

しかし、沖縄戦以降、入砂島は渡名喜島の生活圏から切り離されてしまう。一九四五年、慶良間諸島に侵攻した米艦隊は、入砂島に艦砲射撃を行った。入砂島に特攻艇が秘匿されているのではないかと、米軍が警戒したためだったようだ（同参照）。

今の入砂島はどうなっているのか……。

渡名喜島と久米島を結ぶフェリーは、渡名喜島の西方約四キロにある入砂島を横目に見ながら航行する。船のデッキからじっくり観察してみよう。お椀を伏せたような島に平たい砂地がくっついた、キャップ（鍔《つば》つきの帽子）のような形をしている。「帽子の鍔」が長いので、水面に浮かぶカモノハシにも見える。広いリーフが島をぐるりと取り囲み、白い砂浜も広がっているので、地形的には上陸するのは比較的容易なようにも思える。

しかし、入砂島は戦後ずっと射爆撃場（出砂島射爆撃場）になっていて、米軍が対地射撃、機銃射爆撃、照明弾投下などの訓練で使用している。米軍の射爆撃場は、沖大東島や（久米）鳥島など沖縄各地にあるが、入砂島は射爆撃場としての立地条件が良いらしい。嘉手納基地からの飛行距離も短く、射撃訓練や爆弾投下訓練がスムーズに実施できる一定の面積もあるため、とのこと。

ただ、この射爆撃場である入砂島は、有人の渡名喜島から約四キロと、とても近い。実際、米軍の誤爆と見られる爆弾の部品が渡名喜島近くで見つかるなど（『琉球新報』二〇一二年九月八日）、その「近さ」は危ういものだ。

こうして、入砂島自体は射爆訓練によって壊されていく。『渡名喜村史（上巻）』には、「この島は米軍の銃砲弾を浴び続け足の踏み場もないほどに地表は荒廃してしまっている」と記されているが、実際にGoogle Earthで上空から島の画像を見ても、不自然に緑が欠落している様子が分かる。もともと入砂島の頂上部には、四つの御嶽《うたき》があって、渡名喜住民の聖地として崇められていた。しかし、射爆撃場になってからは、渡名喜住民が入砂島で行ってきたシマノーシ（島直し）の祭礼ができなくなった。入砂島は射爆撃場のため、住民の立ち入りが禁止されており、漁労も自由にできない。ようやく、一九九七年に渡名喜島出身の神女五人が島に渡り、五〇数年ぶりの祭事を果たしたとのこと。ただ、四つの御嶽すべての正確な位置を確認することはできなかったという。射爆撃場となって、表土のみならず、大切な御嶽も荒れていってしまう……。

渡名喜島に滞在していると、真っ青な空に米軍機が轟音とともに沖合を滑空しているのが、時おり見える。

上空からの入砂島

№ 19

昭和硫黄島

溶岩だらけのハダカ島 — SHOWAIO-JIMA

鹿児島県
鹿児島郡
三島村

秘島度 | ★★★
面積 | 0.07km²
周囲 | 1.3km
人口 | 0人
アクセス | なし

(薩摩)硫黄島から約2km

1934年、硫黄島周辺で地震活動が活発になり、本格的な海底火山活動がはじまる。同年に新島(昭和硫黄島)が硫黄島近くに出現し、いったん海中に没し消滅したものの、翌1935年に再び新島が出現。その後も溶岩流により、新島は安定的に成長をつづけ、同年3月には噴火活動が落ち着いて、現在に至る。

日本全国の島の名前では、「鳥島」と並んで、「硫黄島」もいろいろあってややこしい。

太平洋戦争の激戦地であった東京都の硫黄島をはじめ、鹿児島県の硫黄島（通称は薩摩硫黄島）、沖縄県の硫黄鳥島など各地に点在している。いずれも火山性の島で「硫黄が採れたから」硫黄島となっている（鳥島も同じく「鳥がいっぱいいたから」）。

本項の昭和硫黄島は、（薩摩）硫黄島に隣接した無人島。硫黄島も離島旅情たっぷりだが、その沖合二キロのところに、昭和硫黄島がポツンと浮かんでいる。その寂寥感あふれる佇まいがいい。最高地点の標高は二四メートルで、ごつごつした溶岩で覆われただけの、小さい島だ。

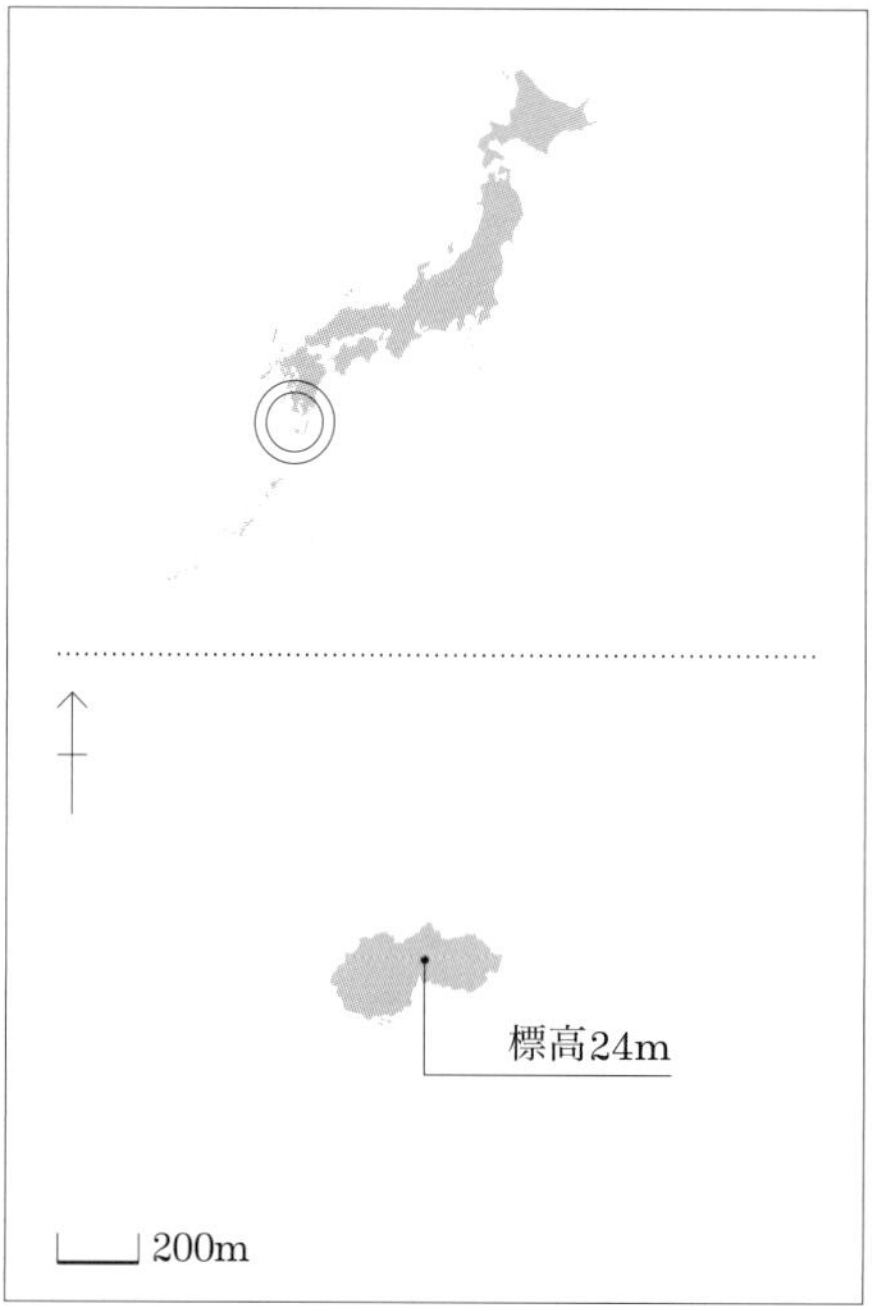

定期船「みしま」は、鹿児島を出ると竹島を経由して硫黄島に向かう。その際、昭和硫黄島の脇を通るので、デッキからじっくり眺められる。ごつごつした形といい、錆色《さびいろ》といい、なんだかワニが海面上に寝そべっているように見える。

硫黄島で泊まった、「民宿ガジュマル」の大山キヨ子さんは、かつて釣りや貝採りの際に昭和硫黄島に上陸したという。岩ばかりだけど、小さな草木（おそらく、ススキやヒサカキ）だけは生えていたと話す。

余談ながら、この硫黄島には秘島ならぬ「秘湯」マニアが集う、絶景の露天風呂（東温泉）がある。露天の硫黄の湯に浸かっていると、磯にぶつかった波が、頭上からバシャバシャと降ってくる。そうすると、波のせいで一瞬お湯がぬるくなる。岩場に叩きつける波の音が、ずしりと重く腹の底に響いてくる。島旅の疲れが洗い流されてゆく……。

さて。昭和硫黄島は、海底火山の噴火によって一九三四年から翌年にかけて、生まれた。新しい島は、波の浸食などを受けて、海中に消えていくものがほとんど。日本の領海内で火山活動によって誕生し、現在まで生き残っている島は、先に述べた小笠原諸島の西之島新島（一九七三年誕生）と、この昭和硫黄島のたった二島だけ。昭和硫黄島が生じた海底噴火は、昭和期で国内最大規模の噴火といわれ、九〇～九五年の雲仙普賢岳噴火に匹敵する大量のマグマが噴出した。

新しい島の誕生というと、おめでたい話のようだが、その当時は大変だったようだ。噴火当時、すぐ近くの硫黄島には、約七〇〇人の住民がいた。その噴火の大きさと被害が記録されている。『三島村誌』によると、「東風の折に噴煙全島を蔽い、降灰を伴い、硫黄岳自身の噴煙も増加し、降雨の際には亜硫酸瓦斯の溶解による酸雨（島ではガスが降る、またはスが降ると言った）となって、農作物に非常な被害を及ぼした」、とある。

このように降灰と酸雨による農作物への被害は膨大だった。また、当初は硫黄島では強震が続発したため、硫黄島の活火山である硫黄岳の爆発の前兆ではないかと、硫黄島の島民は極度の不安に陥ったという。つまり、新しい島の噴火だけでなく、火山連動によって硫黄島の硫黄岳までもが爆発してしまうことが何より恐れられていた。

地震当初、硫黄島の島民は救助船に分乗して、いったん沖合に避難した。いつでも島を脱出できるように。しかし、その緊急の際でも『三島村誌』によると「豚舎、鶏舎等の戸を開けておいてやった」とのこと。万一の場合にも「彼ら」が逃げられるように、との配慮だった。

地震が収まって島民が帰島した際は、「道にも、庭にも、家の中にも鶏や豚が歩き回り、さて自分の家の豚は、鶏はと探し回るに大骨折した」――という。

硫黄島の東温泉

№ 20

続島

戦艦「陸奥」爆沈の火葬島

TSUZUKI-SHIMA

山口県
岩国市
続島

秘島度 | ★★
面積 | 0.1km²
周囲 | 約3km
人口 | 0人
アクセス | なし

柱島（東南端）から約0.3km

アルファベットの「C」の形のように、小さな島々が砂州で細長くつながった、無人島。1943年、島の近くで旧日本海軍の戦艦「陸奥」が、爆沈事故を起こす。続島では数百もの遺体を荼毘に付した。1970年からは、「陸奥」の本格的な引き揚げが行われ、遺骨・遺品が収容されている。「陸奥」船体の約3割は、今も続島の近く、水深40mの海底に眠っている。

戦

艦「陸奥」が原因不明の爆沈（一九四三年）をしたのは、山口県柱島の南西沖、約五キロの地点。

停泊中の陸奥の火薬庫で原因不明の大爆発が生じる。そして、わずか二分後には四〇メートルの海底に沈んでしまった。柱島の周囲を黒く染めたというほど、流れ出た重油の量はおびただしかったという。

乗組員一四七四名のうち死者は一一二一名。「沈没までの時間がきわめて短かったので、艦の下部と爆発個所に近い後部にいた者たちは脱出する余裕はなく生存者はいない」（『陸奥爆沈』）という大惨事だった。

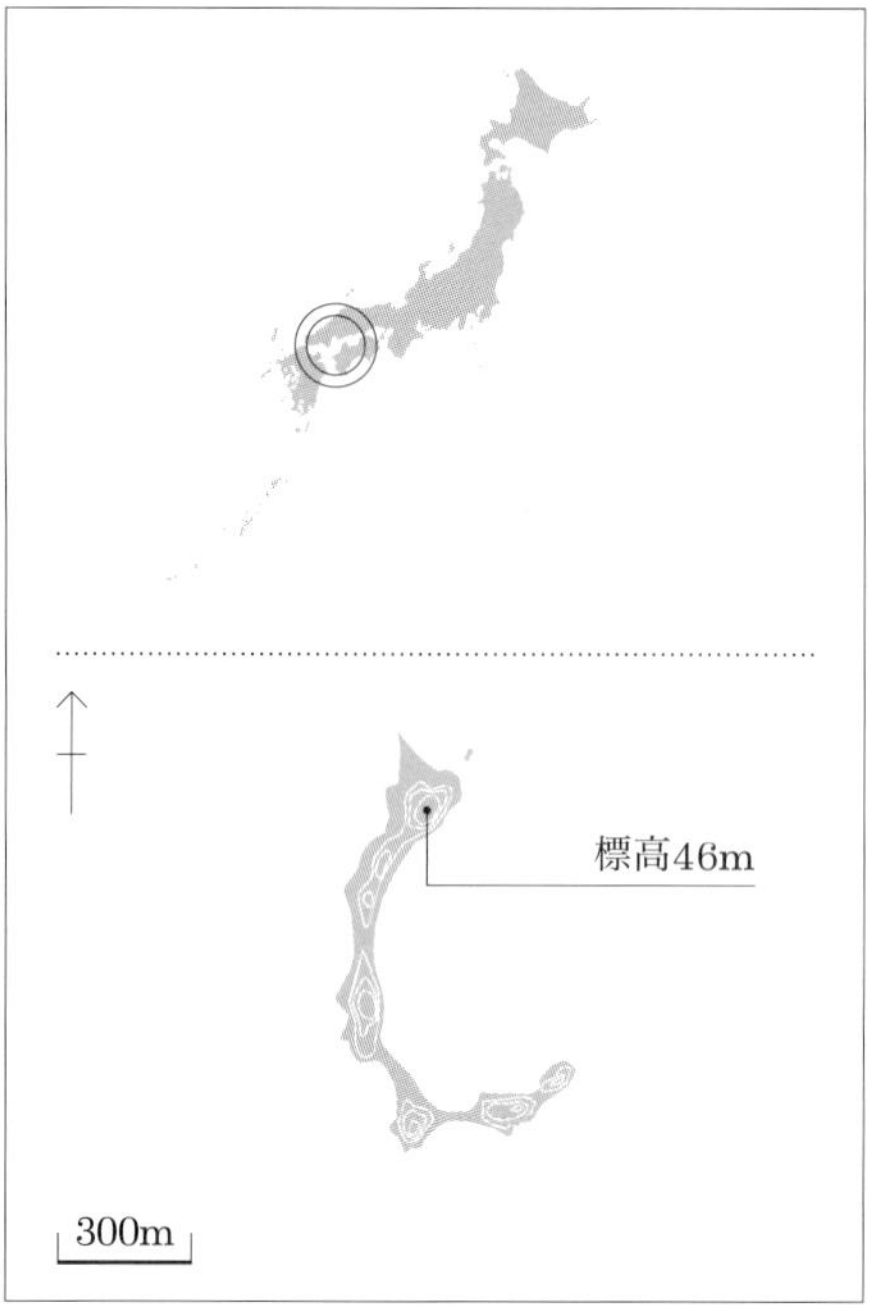

爆沈事故は謀略説も飛び交う中、軍事機密として、厳しく情報統制された。「陸奥爆沈」の事実が露わにならないよう、海上での死体収容が積極的に進められた。

柱島のすぐ南に、無人島の続島がある。爆沈事故の箝口令が敷かれているために、収容された死体の多くが、この無人の続島にこっそりと運ばれた。

「海上で収容された死体は、初め柱島の浦庄《うらしょう》という人影のない洲で焼かれたが、人目にふれることを恐れて無人島の続島に焼場を移した」（同）という。

柱島の港から、漁師さんの船に乗せてもらい、続島へと向かった。柱島の南に、小さな島が点々と砂州でつながって連なっている。島々の松林が美しい。

「ここが（陸奥の死者が）焼かれていたところ」と、漁師さんが指をさす続島の浜に降り立ってみた。かつては、この島に火葬場と宿泊小舎《ごや》が仮設された。

もちろん、今は何も、ない。

穏やかな波音だけの静かな浜。

その浜から柱島の南端までは、わずか三〇〇メートルほどの距離しかない。なんだか泳いで渡れそうな距離だ。だが漁師さん曰く「それは無理。距離は近いけど、いつも流れが強くて、深いから。その水深のおかげで戦艦大和も、ここを通れたんだ」という。

続島から柱島に戻って、今度は柱島の浦庄の浜に立ってみる。そこには「戦艦陸奥英霊之墓」の碑が建っている。この碑には、荼毘に付された遺骨が分骨されて埋葬されている。碑の前は、海。碑は沈没地点をのぞむ方向に向けられている。毎年六月八日には、この墓前で慰霊祭が催されている。

そして、柱島の最高峰である金蔵山（二九〇メートル）に登ってみる。山頂付近に展望台があり、ここからは続島の「島々の連なり」がよく眺められる。まるでソーセージのように、続島の島々がぽこぽこと連なっている。遠くには、瀬戸内の多島美も見渡せる。

陸奥の爆沈から、もう七〇年以上が経った。

当時の陸奥は、日本の権威の象徴でもあった。緻密な事故取材をつづけた作家の吉村昭は、事故を総括している。「事故の実態は、一般の眼にふれることを恐れて、意識的に秘匿《ひとく》されていた傾向が濃い。むろんそれは軍の秘密保持によるものだが、それ以外に、日本海軍の栄光を傷つけまいとする配慮がかなり強く作用していたことはあきらかだ」（同）。

吉村昭が指摘していることは、権威が権威であろうとするために隠し事をしてしまうという、上層部の保身、個々の歯車的弱さ、なのだと思う。それは、七〇年前の戦時中だったから……という話ではなく、なんだか「今日的な問題」としても突きつけられる。

陸奥の爆沈事故は、時代を超えて静かに訴えかける。

続島に上陸（後方は柱島）

№ 21

男岩

沈思黙考の岩 — U-GAN

沖縄県
島尻郡
座間味村

秘島度 | ★★
面積 | 約0.005km²
最高標高 | 約70m
人口 | 0人
アクセス | なし

座間味島から約1km

座間味島の北東に位置する、
切り立った岩。
周辺は、慶良間諸島屈指の
ダイビングポイントで、
岩の周りは魚影も濃く、
ダイナミックな地形が人気。
釣りのポイントにもなっている。

もうひとつの秘島――。

ここからは、六つの奇岩をつづけて取り上げたい（名称は「島」「岩」の両者あり）。岩だけど、どこか「秘島的哀愁」が漂う岩。それは、絶海に浮かぶ孤高さや神聖さであったり、特異な形の存在感であったり……。なかなか近づけないけれど、どこか気になる佇まい。そんな奇岩も一種の秘島として見てみたい。

まずは、沖縄県の男岩から。

慶良間《けらま》諸島にある座間味島の北東にポンと切り立つ。

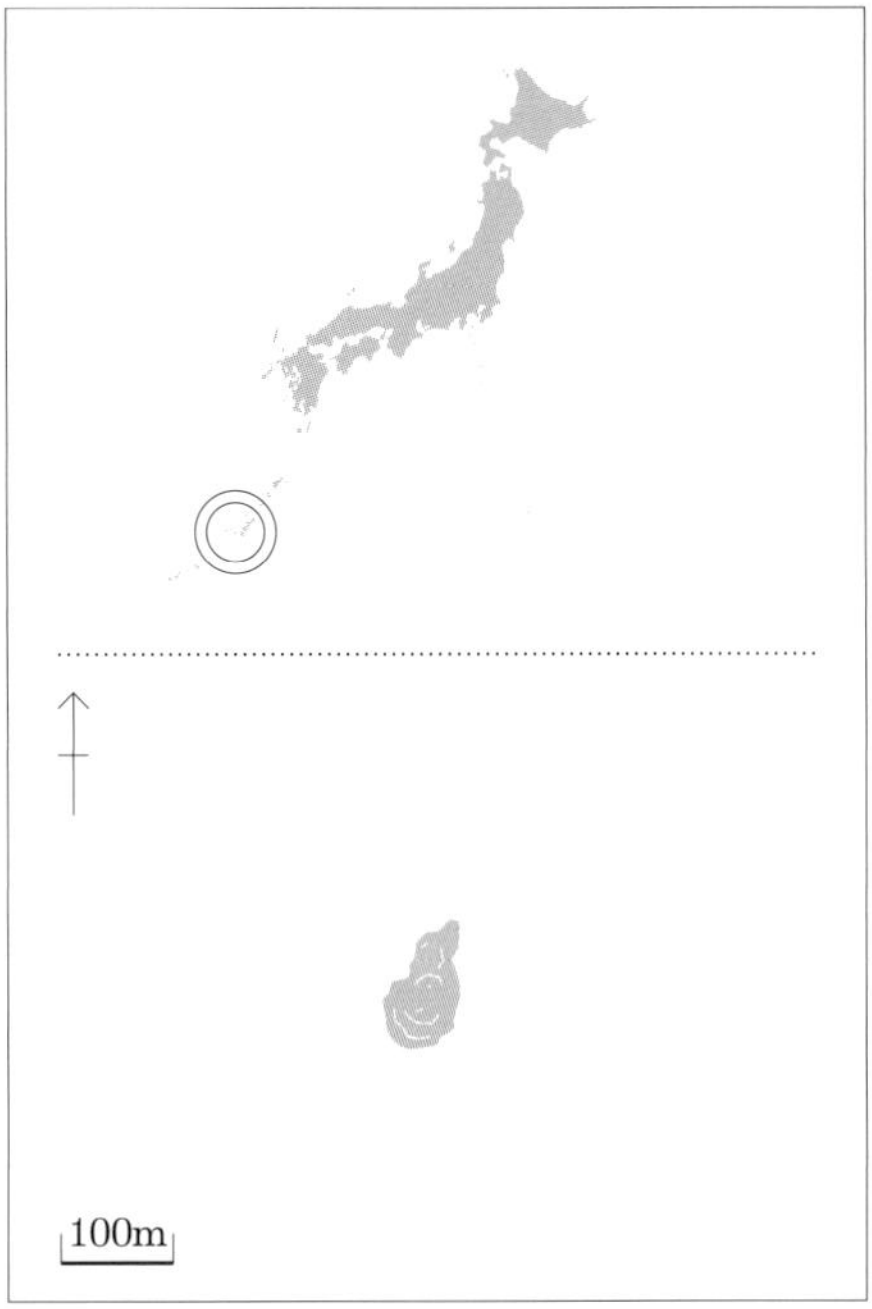

読み方は沖縄読みで「うがん」。海から突き出た一枚岩の高さは海面から約七〇メートルもあり、その形が男性の顔に似ているということから名づけられた。確かに男性の顔に似ているが、もっというと、男性が海面に顔を出して黙考しているかのように見える。真っ青な海に浮かんで、沈思黙考している岩――。神々しい、雰囲気。

男岩の最寄の座間味島からは、山（大岳《うふたき》）にさえぎられるため、男岩をなかなか眺められない。でも、座間味港からボートに乗れば一〇分ほどで到着する。沖縄屈指のダイビングポイントで、岩の周りは魚影も濃く、ダイナミックな地形で人気を博している。

なんとか座間味島からも男岩を眺めてみたい。詳しい地図であれこれ調べてみると、大岳の山裾に海側へ向かう小さな山道があることが分かる。地元の方に訊くと、男岩は神の岩として信仰の対象になっている。この小さな山道は、男岩を拝むためのもの、とのこと。座間味の港から、大岳に向かってレンタバイクで舗装路を一〇分ほど走る。地図を見ながら道を丹念に探してみると、大岳近くの舗装路から分け入る、獣道のような細い細い山道が、確かにあった。

バイクを停めて歩いてみる。細い道なので、一五分ほど歩くと「この道をこのまま進んで大丈夫なのか……」と不安になる。そう思った頃、視界がぱっと開けて、海が見渡せるポイントに出る。

そこから眺める男岩は美しい。ケラマブルーと呼ばれる、慶良間特有の真っ青な海が広がっている。そんな青一色の中に男岩が、浮かんでいる。形状はまるで、海面に顔を覗かせたタケノコ、といった趣き。人のように、生きて呼吸をしているかのよう……。

男岩をゆっくり拝んだら、座間味島もゆっくり愉しみたい。座間味島はじめ、慶良間諸島と周辺海域は二〇一四年に慶良間諸島国立公園に指定された。慶良間の海は、世界有数の透明度といわれている。そして、島のあちらこちらに真っ白な砂浜がある。ダイナミックな地形の海岸も愉しいが、さらさらの砂のビーチは、波も穏やかで安らげる。透明な海を満喫しよう。

座間味港から、島の西側へ行くと、神の浜展望台がある。ここからは、先に取り上げた屋嘉比島がよく見える。屋嘉比島と同じく銅鉱があった久場島も、遠くに見渡せる。

思えば慶良間諸島をはじめて訪れたのは、学生ダイバーだった二〇年以上も前のこと。あの頃と比べると、旅行者はずいぶん増えたように思う。でも神の浜展望台から、美しい慶良間の海や島を眺めていると、あの頃と変わらない美しさに、感慨がわいてくる。

やっぱり慶良間の海は愉しい。

いつだって、ここに来ると、夏らしい夏の景色がある。いうなれば「正しい夏」が待っていてくれる。ちょっと気持ちが若返るような、正しい夏が。

考える岩……

№ 22

大野原島

寄り添う三本嶽 ─ ONOHARA-JIMA

東京都
三宅島
三宅村

秘島度 | ★★★
面積 | 0.02km²
最高標高 | 114m
人口 | 0人
アクセス | なし

三宅島から約9km

伊豆諸島の三宅島沖に位置し、
3つの切り立った大きな岩と
小さな岩礁からなる。島の周囲は
漁場に富み、釣りやダイビングの
ポイントとしても知られる。
絶滅危惧種の海鳥、カンムリウミスズメの
集団繁殖が確認され、
鳥獣保護区に指定されている。

伊豆諸島の三宅島沖合に浮かぶ無人島。三つの大きな岩が海に突き立っている姿から、通称「三本《さんぼん》嶽《だけ》」ともいわれる。島は三つの突岩といくつかの小岩礁からなる。最高標高は一一四メートルの北岩（子安根）。何もない沖合なので、三本の岩が寄り添っているのに、どこか寄る辺のない佇まいだ。

かつてダイビングで三宅島を訪れた際、三宅島の伊ヶ谷地区から遠くに三本嶽がくっきり見えた。サメの背ビレが大小三つ並んでいるようにも見える。三宅島から約九キロも沖合の岩なのに、厳つく感じるのは、最高標高が一一四メートルもあるせいだ。

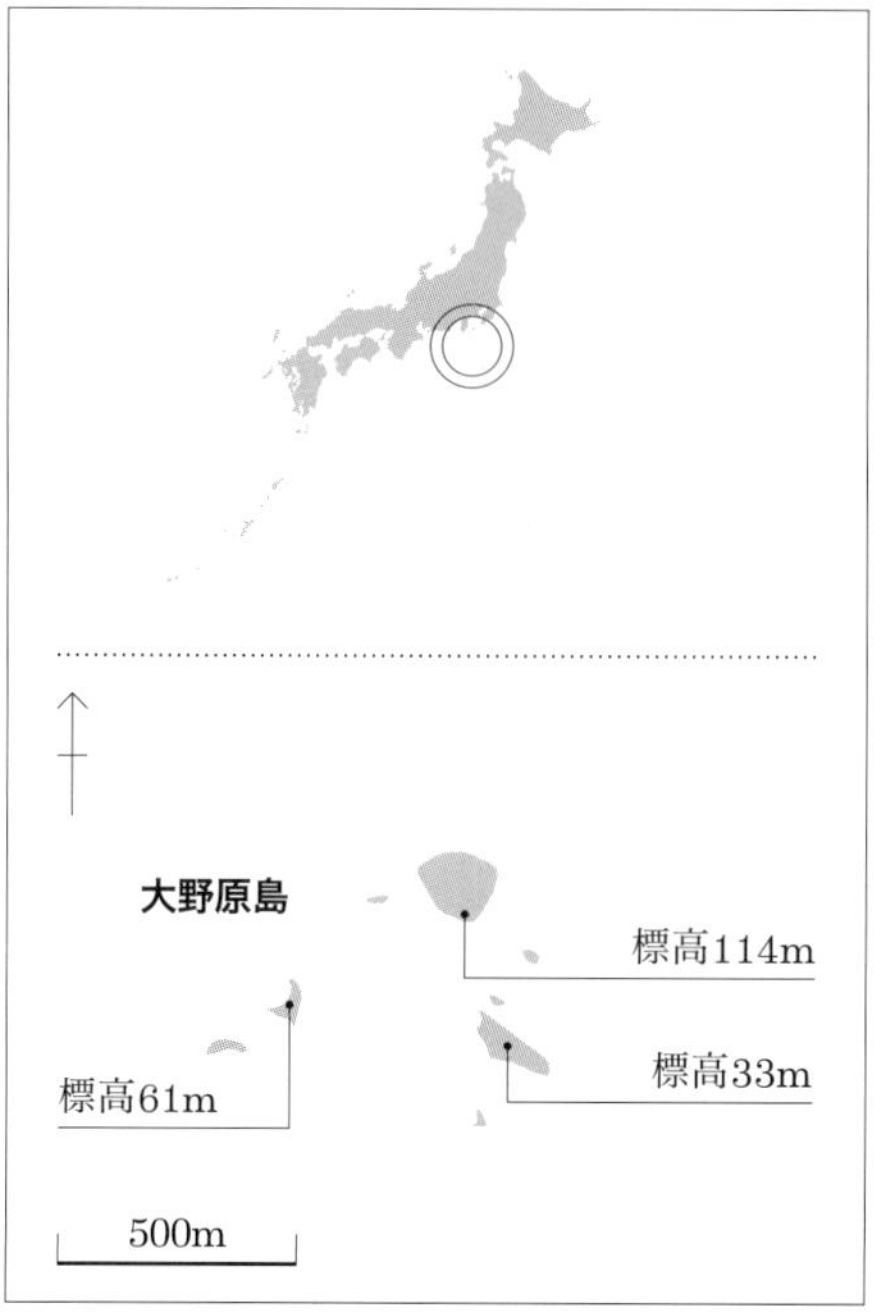

この三本嶽に繁殖している海鳥のカンムリウミスズメは、世界でも日本近海のみでしか見られない貴重な鳥。推定個体数は五千〜一万羽といわれ、絶滅する恐れがあるといわれている（国の天然記念物に指定）。

カンムリウミスズメは、バードウォッチャーでなくても、ついつい惹かれる愛くるしさがある。全長二四センチほどという小柄な体に、くっきりした白黒のもよう。どこか「小さなペンギン」といった風貌をしている……。よく潜水して、水中を飛ぶように泳ぐという。愛くるしさとは裏腹に、けっこう硬派な「鳥人生」のようで、一生のうちのほとんどは海の上で過ごし、陸に上がるのは、繁殖期のわずかな期間だけ、とのこと。

二〇一四年の七月に乗船した小笠原（父島）行きの「おがさわら丸」は、東京を出たのち、普段の航路とは異なる、三宅島と三本嶽の間を航行した。その日の「おがさわら丸」は、海鳥観察で人気の「硫黄三島クルーズ」客を乗せていたため、特別に海鳥の聖地である三本嶽にも近づいて乗客を愉しませてくれた。「おがさわら丸」は、定期航路なのに粋なはからいをするから素敵だ。

そんな貴重な海鳥が三本嶽に棲息しているのは、人が立ち入らない静かな環境が保たれているためだ。かつては海洋生態学者の故ジャック・モイヤー博士が、カンムリウミスズメの保護に尽力していた。一九五二年の朝鮮戦争の際、三本嶽は米空軍の演習基地となっていたため、モイヤー博士は爆撃訓練中止を米大統領に訴え、中止させたという。

数少ない上陸記録を見てみよう。調べてみると、ドリンク剤の「リポビタンD」のCMに行きついた（「東京の記憶」『読売新聞』二〇一三年一一月一八日朝刊参照）。あのおなじみのCMで、三本嶽がロケ地になっていたとは……。

一九八六年に放映された「ファイトー」「いっぱーつ！」のCMで、俳優の勝野洋と渡辺裕之が、ザイルを握りながら一一四メートルの絶壁北岩を登った。四時間余りかかって、頂上に到達。頂上はわずか一畳ほどで、二人はドリンクの瓶を高々と掲げ、空撮のヘリがその姿を捉えた。何気なく見ていた「ファイトー」のCMだが、撮影の舞台裏もまさに筋肉と汗の世界だった。

そんなハードなイメージがある三本嶽だが、たとえ上陸できなくても、三宅島から三本嶽を遠望しよう。あるいは、東京（竹芝）と八丈島を結ぶ航路からも眺められる。ただし、東京発の航路は三宅島に着くのが早朝となり、時季によってはまだ真っ暗なので注意。

三本の岩が並んで大海原に突き出ている姿は、拝みたくなるような不思議な光景。先述の男岩のように「孤高な一本岩」も魅力的だが、三本の岩も「寄り添いながらも、どこかもの淋しげ」で、惹きつけられる。

カンムリウミスズメ

№ 23

ベヨネース列岩

「異国情緒」漂う岩礁

BAYONNAISE ROCKS

東京都
八丈支庁

秘島度 | ★★★★
面積 | 0.01km²
最高標高 | 11m
人口 | 0人
アクセス | なし

東京から約400km、
八丈島から約130km、
青ヶ島から約65km

19世紀半ばにフランスの軍艦「バイヨネーズ」が発見したことから、ベヨネース（またはベヨネーズ）列岩と呼ばれるようになった。

3個の烏帽子形の岩と数個の岩礁からなっている。近くの海底にあるベヨネース海丘では、金・銀・銅などを含む海底熱水鉱床が発見され、海洋資源として注目されている。

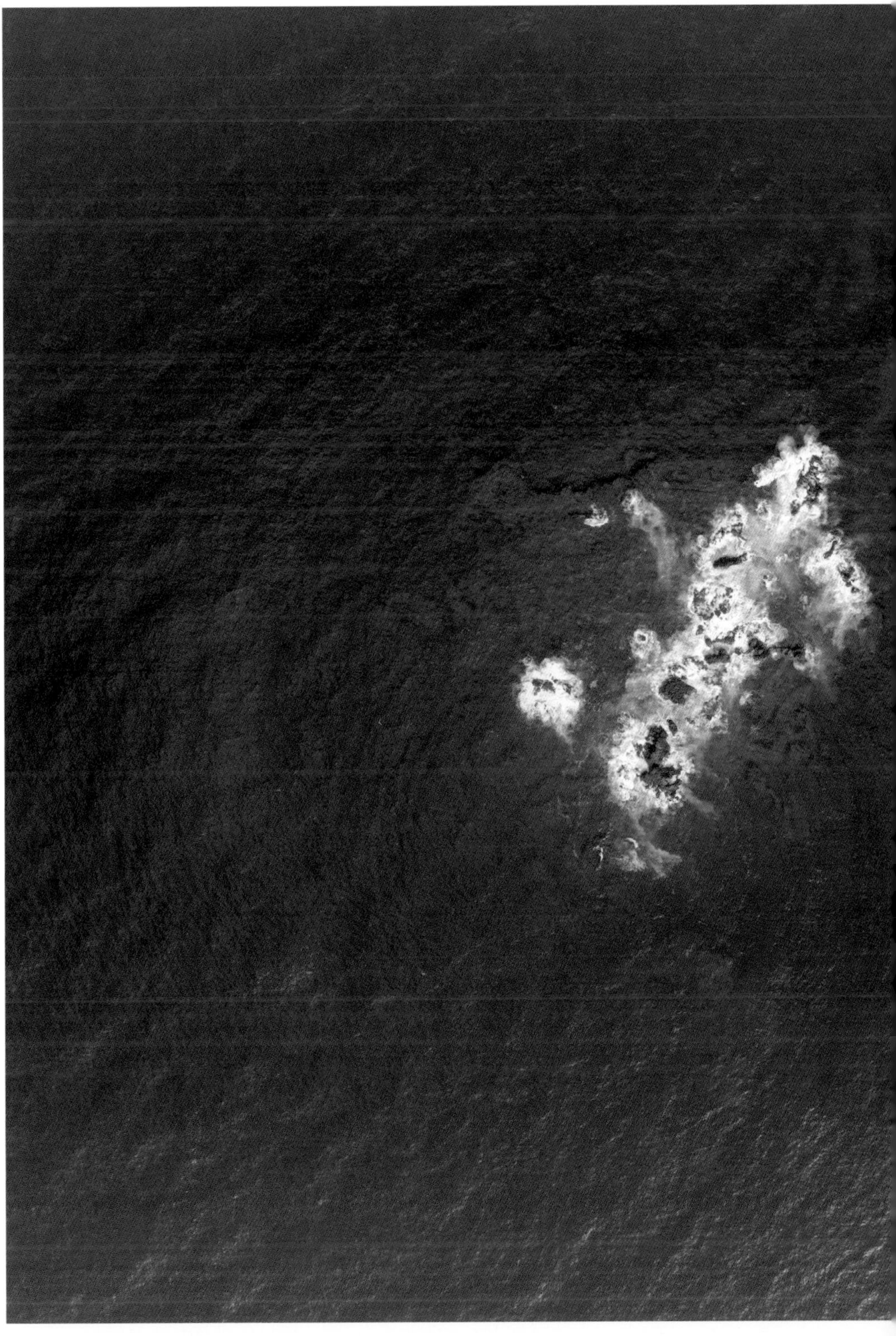

食卓のマヨネーズを連想させる、ちょっとヘンテコな名称――。しかも、「列岩」って、なかなか耳にしない。ぽこぽこ岩が連なっているであろうことは、すぐに想像できるけれど……。

ベヨネース列岩は、伊豆諸島・青ヶ島の南、約六五キロにある岩礁。列岩の名にあるように、三つの烏帽子形の大岩礁と数個の小岩礁からなっている。

三六〇度、風も波も避ける手段がなにもない、ベヨネース列岩。海が荒れれば、ほとんどが波に洗われてしまう。植生もほとんどない、絶海の岩々。

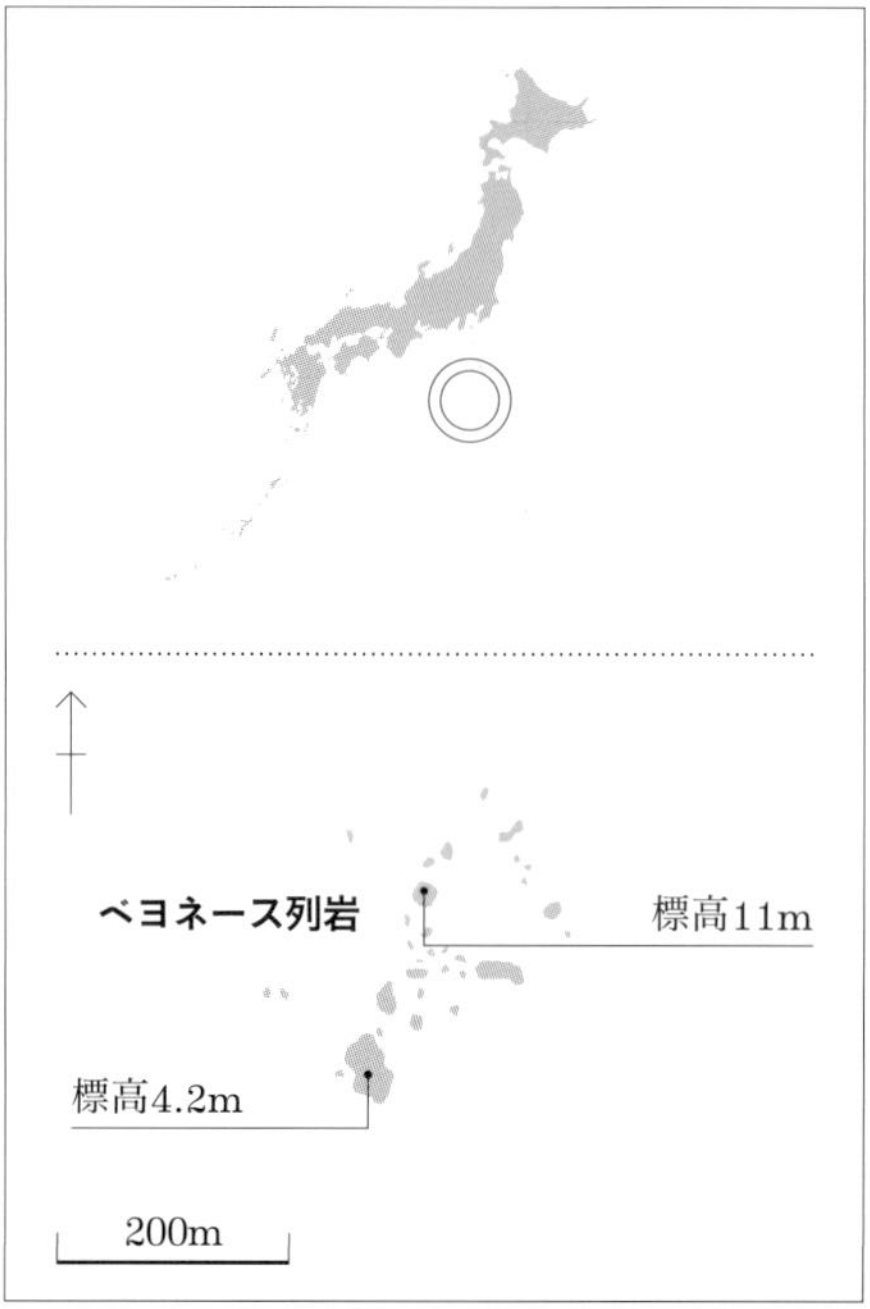

最高標高はたったの一一メートル。磯全体が低いために、凪に恵まれない限り渡礁は困難とのこと。

でも、それゆえに人を惹きつける。とくに、カツオなど大物狙いの釣り客には、秘境的な人気を博すようで、八丈島からは釣り船で六時間ほど。ただし、少々の波でも渡礁困難となる。渡礁した後も、つねに波浪にさらされるため、波にさらわれたり、海に転落する危険もつきまとうそうだ。

ベヨネース列岩の東、約一〇キロには明神礁という海底火山がある。明神礁は、過去に噴火によって何度か新島の形成、消滅を繰り返している。

一九五二年には、爆発とともに島が形成されて、状況視察に訪れた海上保安庁の観測船「第五海洋丸」が噴火に巻き込まれて、遭難するという事故が起きた。強烈な爆発による瞬時の転覆沈没だったようで、全乗組員三一名は行方不明のままで、のちに殉職認定となった。

さて。ベヨネース列岩は、一九世紀半ばにフランスの軍艦「バイヨネーズ」がこの岩礁を発見したことから、ベヨネース（ベヨネーズ）という名がつけられた。名称の奇妙さと相まって、遠い異国の孤島のような魅力が漂う。その名称こそが「秘島感」だが、一時期は名称変更の議論もされていた。

二〇一二年の都議会（予算特別委員会）では、当時の石原都知事に対して、ベヨネース列岩の名称変更や、ベヨネース列岩内のそれぞれの岩に島の名前をつけるべき、との提言がなされている。

「複数の島の総称として列岩という名称があるだけでは、極めて不十分、弱いと考えます。一つ一つの島にも名前をつけるべきであります。そもそもベヨネースという名前にも問題があります。我が国の領土でありますから、いつまでも外国の軍艦の名前にしておくのではなく、日本語に由来するしっかりとした名前をつけるべきであります」（発言者：吉田康一郎委員）、とある。当時は、尖閣諸島における中国との関係が白熱していただけに、このような提言がなされたのは、よく分かる。この吉田委員の発言が面白いのは、ここからさらに踏み込んで、具体的名称も提言しているところ。

「このベヨネース列岩は、周囲海域が波浪の強い海域で、波浪の巣だということで、別名ハロース島、ハロース岩といわれているそうです。（中略）そこで、この島々を、例えば波浪巣列岩という名称を与え、三つの烏帽子形の岩について、北烏帽子岩、中烏帽子岩、南烏帽子岩、小さな岩礁については、国の命名法に倣って、東小岩、西上小岩などとすればよいのではないかという提案をさせていただきます」

なんと、波浪巣列岩。当時の石原都知事も「名前をつけることは大賛成でありまして、責任を持ってやりたいと思います」と答えている。が、それ以降、名称の話は進んでいない模様。波浪巣列岩も面白い。でも、一度聞いたら忘れない「ベヨネース」は、やっぱり捨てがたい。

上空からのベヨネース列岩

№ 24

須美寿島

孤高の壁岩 ─ SUMISU-JIMA

東京都
八丈支庁

秘島度 | ★★★★
面積 | 0.03km²
最高標高 | 136m
人口 | 0人
アクセス | なし

東京から約470km、
青ヶ島から約115km、
鳥島から約110km

青ヶ島と鳥島のほぼ中間に位置し、ベヨネース列岩からは約50km。南北に長い板状の岩（標高136m）である本島と、数個の岩礁からなる。1870年に海底噴火で付近に小島が出現。以降も海底火山活動による海水変色が、たびたび記録されている。

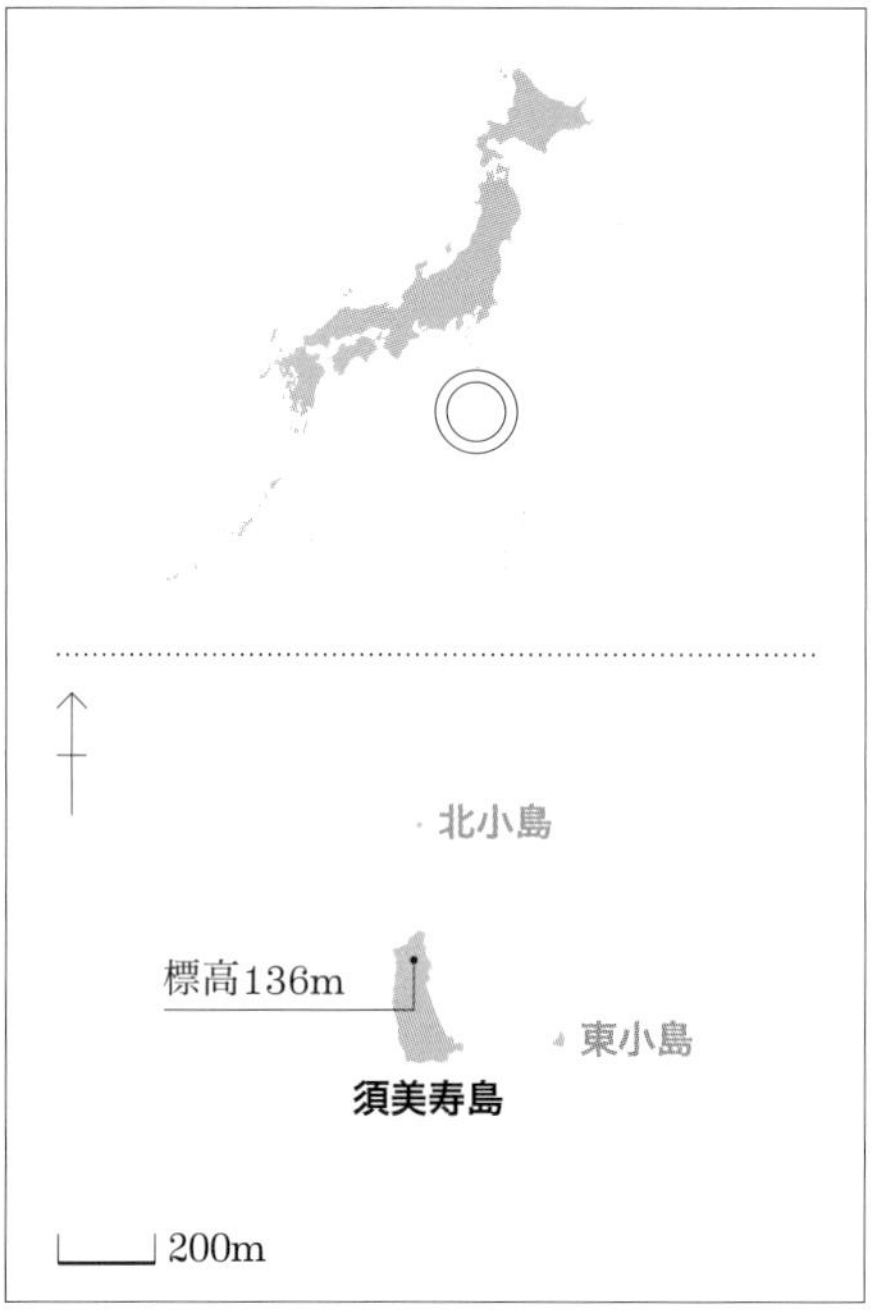

ベヨネース列岩の南、約五〇キロにあって、伊豆諸島の青ヶ島と鳥島の中間に位置している、須美寿島。南北に長い「板状」の岩（本島）と数個の岩礁からなっている。海底火山によるカルデラの外輪山にあたり、付近の海底火山活動は活発だ。そのため、海底噴火による海水変色がたびたび報告されている。

ベヨネースにつづき、「スミス」とは、またもやヘンな名前……。

どうやら一八五一年に島を再発見したイギリス軍艦「ヘーバー」の艦長スミス（Smith）に、由来するそうだ（再発見というのは、それ以前にも島の視認がなされていたため）。

それにしても、この小さな面積で最高標高が一三六メートルもあるなんて驚きだ。そびえ立つ「壁」のような高さを考えてみると、絶海に浮かぶ「三〇～四〇階建ての高層マンション」といった感じか……。「壁」の幅（島の長さ）も、三〇〇メートル近くある。

この島の近くを通る定期航路としては、東京（竹芝）と小笠原（父島）を結ぶ「おがさわら丸」があるが、往路も復路も真夜中の時間帯になるので、残念ながらデッキから遠望することはできない。

さて、二〇一四年の秋。

中国のサンゴ密漁船が小笠原諸島に集団で押し寄せたことは記憶に新しい。密漁船は、伊豆諸島の鳥島、そしてこの須美寿島にも大挙して現れていた。その数、一二〇隻（『朝日新聞』二〇一四年一一月二日朝刊）。

記事によると、「［須美寿島の］北西沖約九キロ付近で、多くが中国国旗を掲げる約三五隻が半径二キロほどの海域に停泊。船員が網を入れていた」とある。

須美寿島のすぐ近くで堂々と……。「ここまでするか」との思いだが、近年は中国で富裕層による宝石サンゴの需要が高まっているため、獲るほうも必死の強行だ。とくに日本産の真っ赤なアカサンゴは価値が高くて、価格は、一〇年前の一〇倍を超えているという（同参照）。

中国では、宝石サンゴは保護のために国内法で採取を厳しく禁じている。日本ではサンゴ漁は許可制で、許可を受けたごく限られた漁船しか漁はできない。もちろん、中国の密漁船は日本での操業の許可は得ていない。しかも、須美寿島の沖合約九キロというのは、日本の領海内なので外国船は停泊することも許されていない。なのに……。

いわゆる浅い海のサンゴ礁は、やわらかいために宝飾用としては加工できない。宝石サンゴは、一〇〇〜三〇〇メートルほどの深海に棲息し、網を入れるなどして漁をする。日本でのサンゴ漁は、明治初期から発展し、高知県を筆頭に、伊豆諸島の鳥島や須美寿島でも漁が行われてきた。

いちばんの問題は、宝石サンゴは一センチ大きく育つまでに三〇年かかる（五〇年かかる種もあるそう）ということ。それゆえに、日本国内では資源保護のため、制限が設けられて漁が行われている。そんな貴重な宝石サンゴが根こそぎ獲られてしまう。そうして海底の環境も破壊され、漁場が荒らされていく。

須美寿島から約一一〇キロ離れたところに鳥島がある。この鳥島の歴史から学びたい。先に鳥島のアホウドリ撲殺のことは述べたが、獲り尽くした生物を蘇らせるには、どれほどの時間と労力がかかることか。環境問題が叫ばれる今の時代になっても、「金になる生き物」を掠奪することが、違法ながらまかり通ってしまうなんて、悲しい。

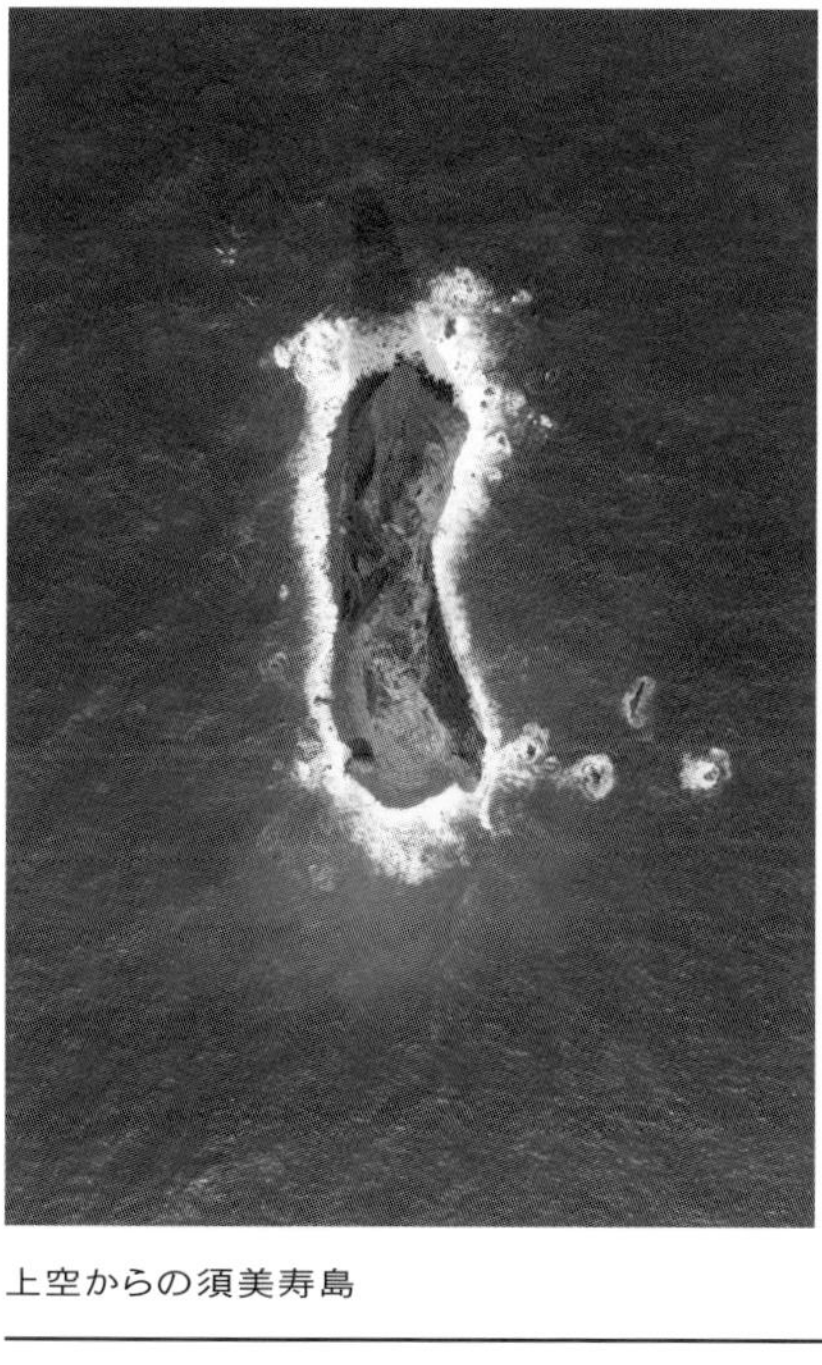
上空からの須美寿島

№ 25

孀婦岩

水平線上の感嘆符 — SOFU-IWA

東京都
八丈支庁

秘島度 | ★★★★★
面積 | 0.01km²
最高標高 | 99m
人口 | 0人
アクセス | なし

東京から約650km、
鳥島から約75km

伊豆諸島の最南端に位置し、大海原に屹立する急峻な岩。1788年イギリス船のフェリス号船長ジョン・ミアーズが発見した際に、Lot's Wife（ロトの妻）と命名される。その後、意訳して「孀婦岩」と名づけられた。

周囲に何もない大海原の真ん中に、高さ九九メートルの鉛筆状の岩がそびえる。

見る方向によって、細長かったり、女性のうしろ姿に見えたりするという。先の男岩は男性に見立てられ、この孀婦岩は女性に見立てられている。

確かに、ちょっと首をかしげたマリア像のようにも見える気がする。発見された際は、旧約聖書に出てくる「ロトの妻（の塩柱）」に見立てられたそうだ。旧約聖書の「ロトの妻」というのは、神様にうしろを振り返ってはならないと命ぜられたのに、ロトの妻がその禁を破ってしまい、塩の柱に変えられてしまった——という話。孀婦岩は、海鳥が多く繁殖して、海鳥の糞で岩肌が白くなっているというから、白っぽい塩柱のようにも映ったのだろう。

孀婦岩を旅した、作家・開高健は次のように書いている。

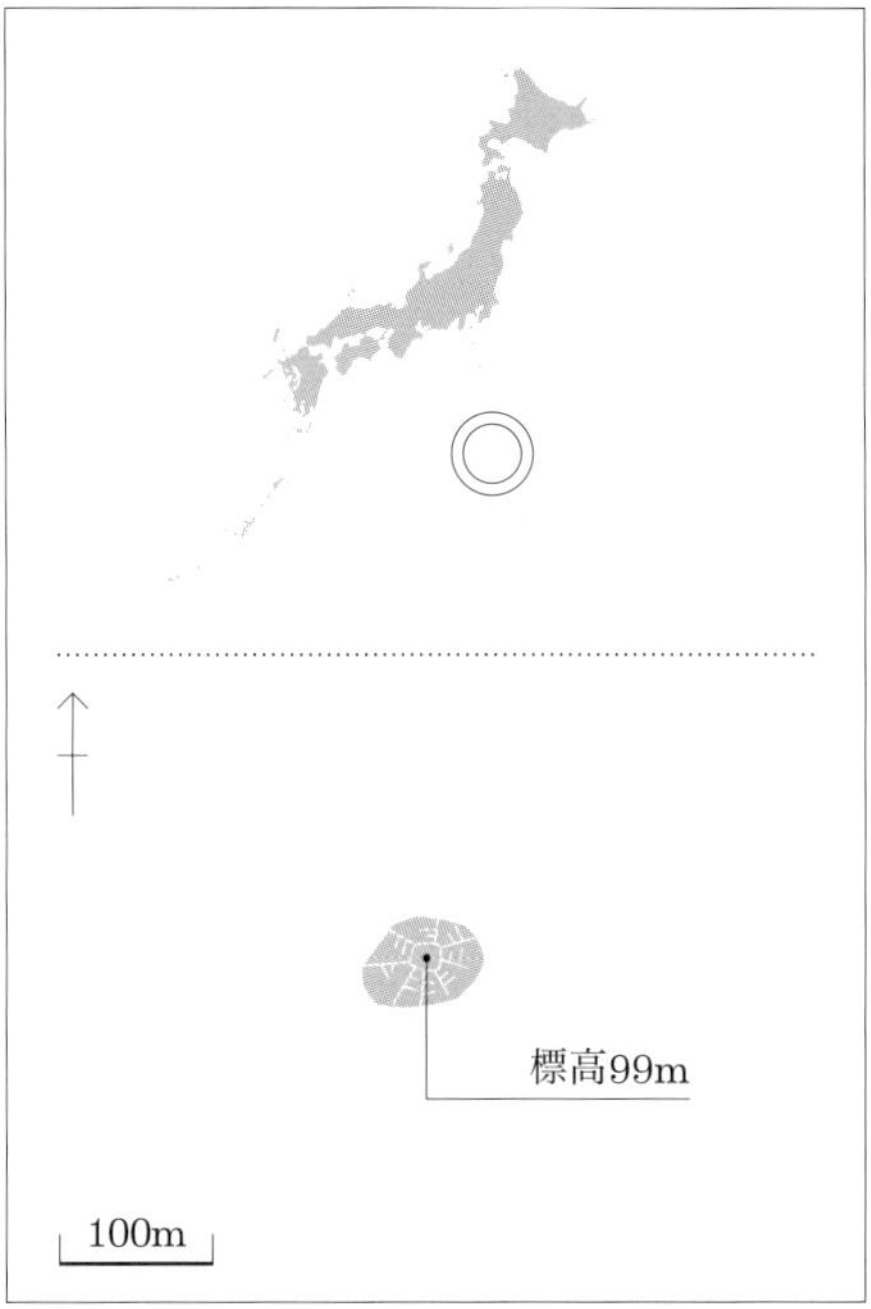

> それは太平洋のドまんなかに突如としてとびだした岩である。八丈島を出発してまっしぐらに南下していくと、青ヶ島、ベヨネーズ列岩、須美寿《すみす》島、鳥島というぐあいにポツン、ポツンと孤立した小島や岩礁を水平線上に目撃することとなるが、その最後の鳥島を通過してからさらに南下をつづけると、夜の明ける頃に、突如として水平線上に小さな感嘆符がついているのを目撃することとなる。それが念願の光景である。《孀婦《そうふ》島》ともいい、《孀婦岩》とも呼ぶ。近頃ではまったく見かけることのない字であるが、〝孀婦〟とは寡婦《やもめ》のことである。無辺際の大洋のさなかにたったひとりでたち、ある角度から見ると、ちょっと手を組んでうなだれた姿に見えるものだから、昔の人は連想をかきたてられたのだろうと思う。

（「遂げる」『私の釣魚大全』）

水平線上の感嘆符――。

そんな世界中を旅した作家をも驚かせた孀婦岩だが、調べてみると登頂記録が残っている。

それは、二〇〇三年の「孀婦岩洋上登山隊」によるもの。

登頂記事によると（『山と溪谷』八一七号、二〇〇三年八月）、一行は、孀婦岩に近づくと、ヨットからゴムボートに乗り換える。ゴムボートが波の頂点から底へと三メートルも上下するため、わずかな足場の岩に飛び移るために相当腐心している。

うねりとボートのタイミングを何度も見計らって、ようやく上陸に成功する。そこから、三人のクライマーによる登攀がはじまる。まさに絶壁。ルートを見極め、落石に注意しながら、岩壁をよじ登る。そうして、三人はようやく山頂へ辿りつく。

そこで見たものとは……。

「ところが、なんとそこ（山頂）には錆びついた三本のハーケンと五〇センチほどの長さの塩ビ管があるではないか。それで旗でも掲げたのであろうか、ハーケンは一本だけがわずかに原型をとどめ、無情の時の流れと、人間の非力さを物語っていた」

つまり、山頂で知ったのは「史上初の登頂成功」ではなく、（ハーケンの錆び具合から）かなり以前に登頂者がいたという事実――。これほどまでに登攀困難な絶海の岩なのに、孀婦岩は未踏峰ではなかった。

その「かつての登頂」とは、一九七二年頃に早稲田大学の学生が上陸・登頂した痕跡だったようだ。

記事は次のように締めくくられている。

「登山史に記録が残っていないため釈然としないが、事実として認めるなら、三〇年も前にこのはるかなる外洋の孤峰に挑み、みごと頂上を極めた人たちに畏敬の念を感じずにはいられない」

一九七二年の孀婦岩の登頂者。もしそれが事実だとすると、その成功を声高に公言しなかった人たちなのか。自分と仲間内だけで、登頂成功の悦びを嚙みしめていたのか。

伊豆諸島の最南端に位置する「水平線上の感嘆符」は、時代を超えて人を惹きつける。

№ 26

奇岩

今にも折れそうなキノコ岩

NOTCHI

沖縄県
宮古島市
平良大神

秘島度 | ★★
面積 | 0.24km²
周囲 | 2.4km
人口 | 28人
アクセス | 宮古島・島尻漁港から定期船で10分
(大神島沿岸に点在しているため、上記は大神島データ)

宮古島北部（島尻漁港）から4km

宮古島沖の大神島の海岸沿いに
点在する、奇妙な形をした岩々の総称。
奇岩は、島の隆起によって
地表から転がり落ちたもの。
長年の波の浸食によって、根元が
削られて細くなっているのが特徴。

沖

縄県宮古島の沖合に、神の島・大神島がある。

宮古島の北側の島尻港から、小さな船に揺られて一〇分で大神島に着く。

大神島は、なだらかな円錐形をしていて、まずは島の形の見た目が美しい。美しい富士山を眺めると、ついつい拝みたくなるように、大神島もそんな敬虔な気持ちを呼び覚ます。実際に島の名の通り、大神島は「神の住む島」といわれる。集落以外の島の大部分は聖地になっていて、むやみに立ち入ることは禁止されている。最近は「パワースポット」として、訪れる人も増えているそうだ。

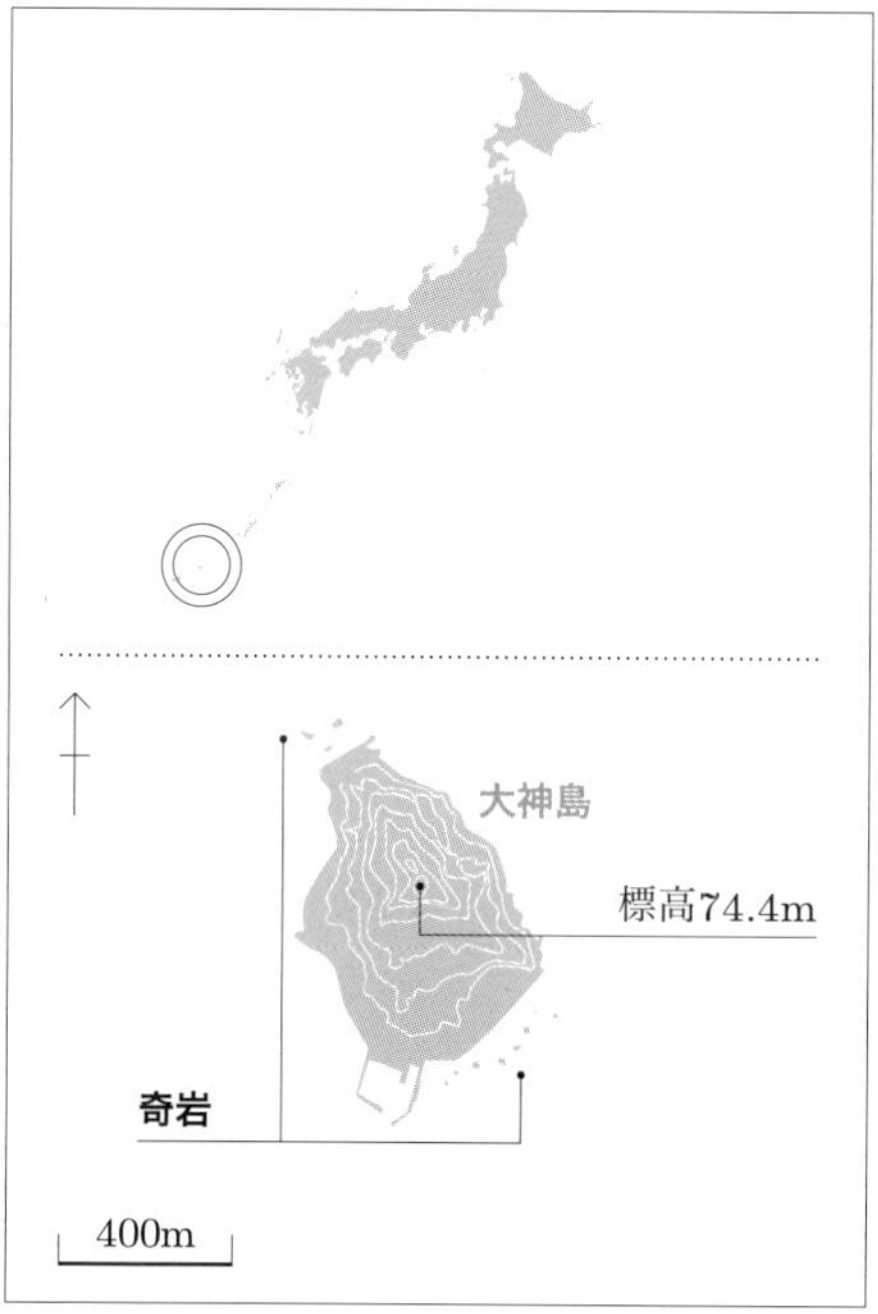

神聖な静けさがある大神島の旅は、愉しい。実際に、大神港に着いて船を降りると、「何も音がしない」と感じる静けさ。この深い静けさこそが、大神島の最大の特徴なのだと思う。ただ、外部の人間が勝手ながら「静けさが魅力の島」といいつつも、現実には過疎化の問題もある。

かつて島にあった大神小中学校は休校、そして二〇一一年には廃校になってしまった。島の集落に一軒だけあった商店も、二〇一四年に島を再訪した際には、もうなくなっていた。この商店の入り口には、黄色いビール瓶ケースの上に、公共の郵便ポストがちょこんと置かれていたりと、とても愛らしい商店だったのに。

……さて。気を取り直して、島の一周道路を海を眺めながら、のんびり歩こう。

その沿岸には、奇岩（ノッチ）と呼ばれる、木やキノコのような奇妙な形をした岩々が、あちらこちらに、ごろごろ転がっている。

これらの奇岩は、もともとは島の隆起によって地表から転がり落ちた岩。長年にわたる波の浸食で根元が少しずつ削られ、今のような奇妙な姿になったそう。

なんだか、もう少しで倒れそうな奇岩もある。まるで、保全工事が行われる前の沖ノ鳥島のような危うさだ。もう重い頭を支えきれないんじゃないか……。そんな首元のようにも見えてくる。波の浸食というのは、こんなにも岩を砕く力があるのかと、あらためて驚かされる。

岩には植生の緑も少しあるので、見方によってはブロッコリーのようにも映る。これまでの絶海の奇岩とは違い、この奇岩は、大神島の海岸道路（主に北側と南側）から間近に眺められる。

そんな奇岩が眺められる島の一周道路だが、実際は北端と東端で道路は途切れている。北と東を結ぶ約三分の一は、島の聖域にあたるため、道がつくられていないとのこと。今ある道路（とくに北側）も、少し悩んでつくられたかのように、道がちょっと不自然に蛇行している。これも聖域を避けて道をつくったためだという。

この一周道路の建設の際は、神様の不興を買ったのか、工事中に「奇妙な出来事」が生じて、工事が上手く進まなかったという噂話もある。もしも噂が本当ならば、海岸を埋め立てるコンクリート道路に対して、「不要な人工物である」といろ神様の意思表示だったのではないか——と、勝手な妄想をしてしまう。

静かな大神島の海岸。

奇岩の近くで耳を澄ませていると、波が奇岩の根元をちゃぷちゃぷと音を立てて洗っている。波は岩の根元にくるりと回り込んで、渦をまく。

もしかすると、じきに岩の根元が折れてしまうかもしれない。今のうちに、じっくり眺めよう。

上｜波が岩の根元を洗う
下｜大神島の全景

№ 27

南波照間島

波照間島沖の〝幻の島〟

MINAMIHATERUMA-JIMA

秘島度 | ★★★★★
面積 | ?
人口 | ?
アクセス | なし

日本最南端の有人島である、波照間島。
そのさらに南にあるとされた、伝説の島。
大波照間島とも呼ばれる。琉球王国
時代の『八重山島年来記』には、
波照間島の農民が重税を逃れるために
南波照間島へ渡ったという
記録が残されている。

日本最南端之碑

日本最南端の有人島は、沖縄の波照間島。「日本最南端之碑」が建っている。さらにその南には、伝説の南波照間島（ぱいぱてぃろーま）があるという。楽園の島といわれる、「ぱいぱてぃろーま」が。

「ぱいぱてぃろーま」とは、沖縄・八重山地方の方言で「南（ぱい）の果て（ぱて）のサンゴ礁（ろーま）」の意。

沖縄では、海のはるか彼方に神々が住む永遠の楽園「ニライ・カナイ」があると信じられている。実際、日本最西端の与那国島にも、「はいどなん（南与那国）」伝説がある。ただ、南波照間島が他の伝説と違うのは、歴史的事実として記録に残されていること。

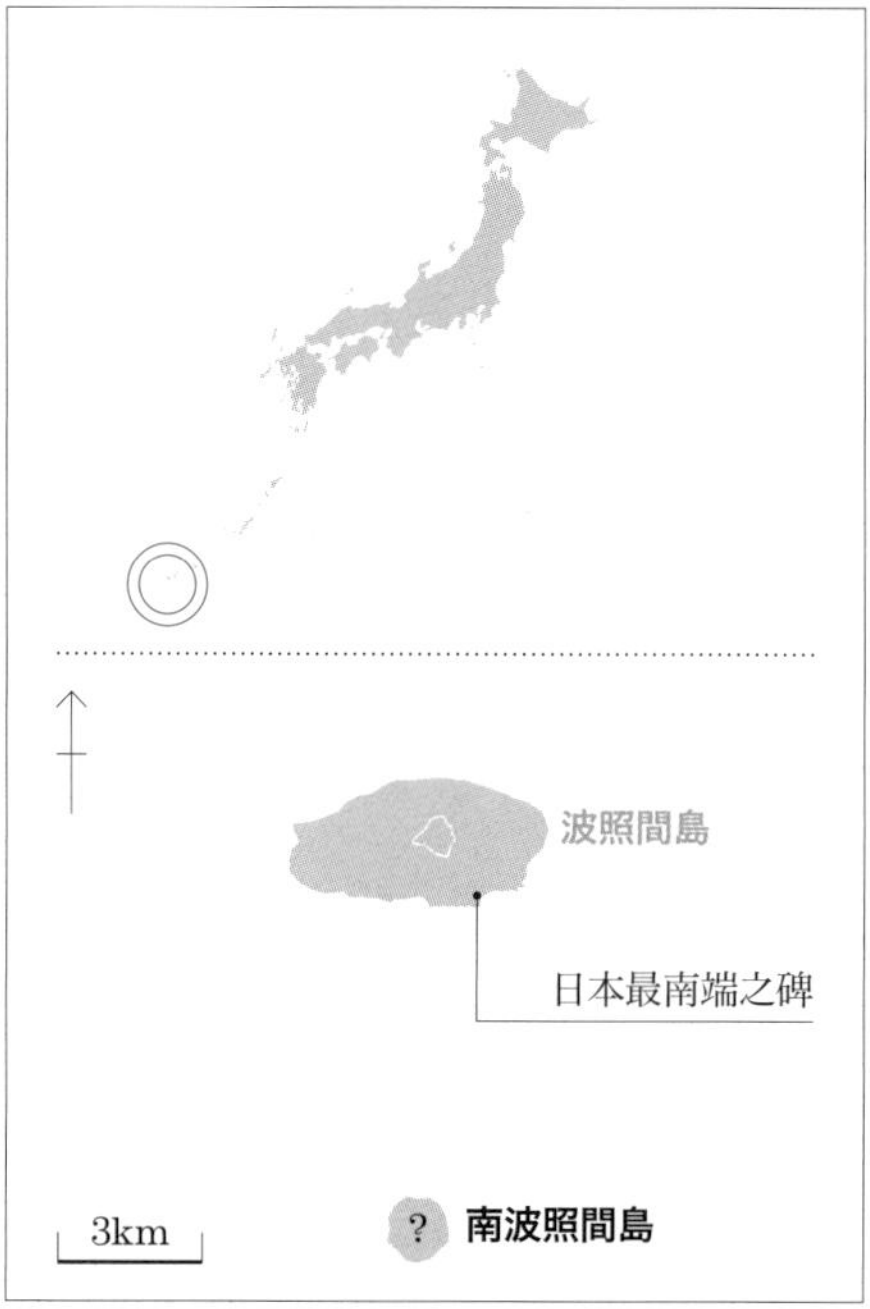

琉球王府に八重山諸島の現状を伝えた文書である『八重山島年来記』には、一六四八年に波照間島の農民四〇～五〇人が重税から逃れるために南波照間に渡ったという記述が残っている。琉球王国時代の一六三七年から一九〇三年までの間は、人頭税という過酷な税が課されていた。

今のところ、南波照間島が想像上の島だったのか実在する島だったのかは、分からない。『八重山島年来記』に記された伝承が事実であったとすれば、それは一体どこだったのか。台湾（本島）や台湾の蘭嶼《らんしょ》島、フィリピンのルソン島……などの諸説がある。

司馬遼太郎の『沖縄・先島への道』にも、南波照間島の話が出てくる。「さらにもう一つ南に島がある、と波照間島のひとびとが空想的に想定したのは、島というのはこれっきりであとはただ波のうねる滄海《そうかい》のみ、というのでは心細すぎる、と思ったのが理由だろうか」と、想像を巡らしている。

また、民俗学者の柳田國男も、南波照間の存在に思いを馳せている。「新たな島を求めんとする心は、人の世の中が住みろくなるさらに以前から、久しく島人の間には伝わっていたものだろう。そうでなければ太古の時から、すでにこの世は住みよい所であったのか。とにかくにどの海のどの小島にも、人が渡ってもう住んでいる。島は尽きても求める心は絶えなかった」（『海南小記』）。確かに、いつの世であっても、人は生きにくい。たとえ南波照間島に漕ぎ出しても、漕ぎ出さなくても、その「存在」は、生きる希望だったのだろう。

波照間島から、南の海を眺めてみよう。

波照間島の海の色は、独特だ。深い碧、だ。八重山にある他の島よりも、ひときわ碧く感じる。もちろん目を凝らしても、島影はどこにも見えない。

「遠くに来た」という思いが、じわじわ込みあげてくる。なんだか「この先には何かがある……」と信じたくなるほど、茫洋とした海が広がっている。

「この波照間の南の沖に今一つ、税吏のいまだ知っておらぬ極楽の島が、浪に隠れてあるものと、かの島の人は信じていた」（同）——。

もしかすると、誰の心にも「もっと南へ」という思いが宿っているのかもしれない。自由の象徴としての南——。奥田英朗の小説『サウスバウンド』は、ある家族が東京から西表島へ移住し、最後には両親が子どもを西表島に残して、パイパティローマ（南波照間島）に旅立つという物語。窮屈な東京を飛び出す、この痛快さ、胸のすく感じ。サウスバウンドとは、「南行き」の意、だ。

歴史上の事実でも、伝説でもいい。南波照間島の「存在」は、「ここではない、どこか」「もっと南へ」という世界の広がりへと誘う。

ペムチ浜から南をのぞむ（波照間島）

№ 28

中ノ鳥島

地図に38年間記載された、存在しなかった島

NAKANOTORI-SHIMA

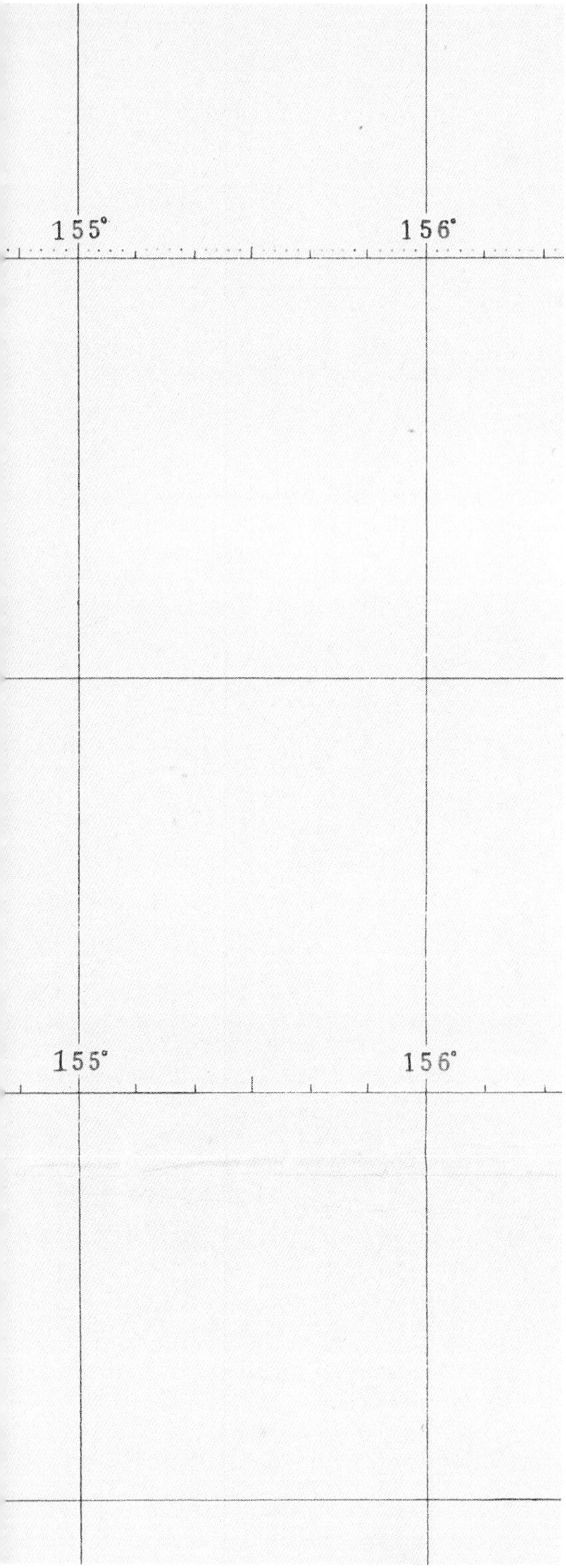

秘島度 | ★★★★★

面積 | ?

人口 | ?

アクセス | なし

北緯30度05分、東経154度02分に
存在したとされる、幻の島。
別名ガンジス島。実在したとは
考えられないが、1908年から
1946年までの期間は地図にも記載され、
日本の領土として
正式に認定されていた。

152°
153°
50K
0K
100K
31°
30°
29°
中ノ鳥島

中ノ鳥島は、北緯三〇度〇五分、東経一五四度〇二分に存在したとされる、幻の島。

その地点は、日本最東端の南鳥島から、ほぼ真北に約七〇〇キロ、伊豆諸島の鳥島からは東に約一三〇〇キロという、はるかな位置だ。

実際に存在したとは考えられないが、日本の領土として正式に認定されていた時期がある点で、世界各地の「幻の島」「伝説の島」とは一線を画する。前頁次頁に掲げた地図は、一九四四年に参謀本部によって作成された『中ノ鳥島ー南鳥島　素圖《そず》』（国立国会図書館所蔵）。しかし、先述した北緯・東経と、地図の位置とは、少し誤差がある。これは、中ノ鳥島が「発見」される前に、ガンジス島という幻の島が「存在」していたため。そのガンジス島は、北緯三〇度四七分、東経一五四度一五分に「ある」とされていた。前頁の地図に記された中ノ鳥島の位置は、ガンジス島に基づいているのであろう（「発見」された中ノ鳥島は、ガンジス島と少し位置の誤差はあるが、同じ島であるとされた）。

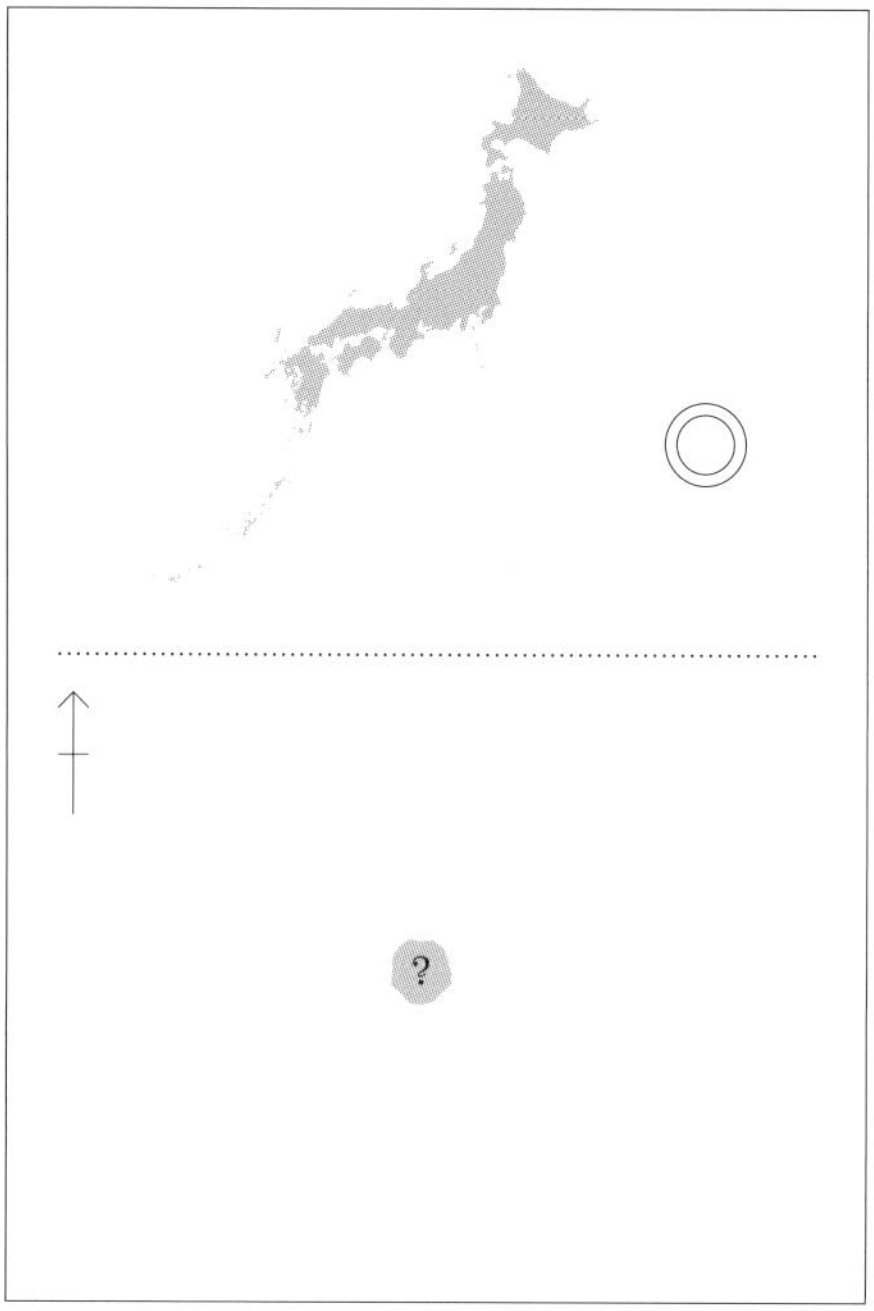

中ノ鳥島は、一九〇八年に大日本帝国が領有を宣言し、東京府小笠原島庁に編入された。この領有宣言は、東京府在住の山田禎三郎が、前年にこの島を「発見した」として届け出たことに基づいている。しかし、三八年後の一九四六年、この島は存在しないものとして、海図から抹消されてしまう（『地図から消えた島々』参照）。

なぜ、幻の島は生まれたのだろう。その頃の日本は、無人島探検がブームとなり、未知の無人島の発見に血眼になっていた。八丈島の玉置半右衛門は、鳥島のアホウドリ撲殺事業で、巨万の富を手にした。それ以来、一攫千金を求めて、多くの人が「次の鳥島探し」に奔走することになる。

そんな時代の熱狂の中で、「でっちあげられた詐欺話」として、中ノ鳥島が生まれてきたのではないかと考えられている。中ノ鳥島の「発見届」には「高純度の燐鉱石が大量に存在する」「アホウドリが多数生息している」という記述がある。つまり、「島の開発権を獲得するために適当な話をでっちあげたのではないか」との推測だ（同参照）。

つまり、島で何をするかということより、まずは手あたりしだい、権利獲得のために「ツバをつけておく」必要があったためだと考えられる。「一攫千金を狙った人々にとって、島が存在するかどうかよりも、島の利用や借地権が入手できるかが鍵であり、他者に先がけて何はさておき願書を政府に提出することで『先願』を得ることを狙ったと思われ、この時代、数多くの存在しない島を発見、借用、払い下げ願いが政府に提出された」（『アホウドリと「帝国」日本の拡大』）。

領有権を確定する日本政府も、南進論の高まりや、帝国主義的な風潮の中で、「勇み足」的な領有宣言であったのだろう。この契機となったのは、日清戦争だったと考えられる。「一八九五年、日清戦争の終結により台湾・澎湖列島を日本領土としたことで外地という空間が創出され、内地から外地へと一攫千金を夢見る人々が進出、その中にはアホウドリなどの鳥類を追い求める人々がおり、新天地での無人島獲得に奔走することになった」（同）。

さらには一九一四年に第一次世界大戦が勃発すると、日本海軍は南洋群島に進出し、南進は「国家プロジェクト」として、いよいよ拡大していくことになる。

中ノ鳥島が地図から消えるのは、ずっと後の話。第二次世界大戦後の一九四六年に地図上から消えるまで、三八年間にわたり中ノ鳥島は「存在」した。

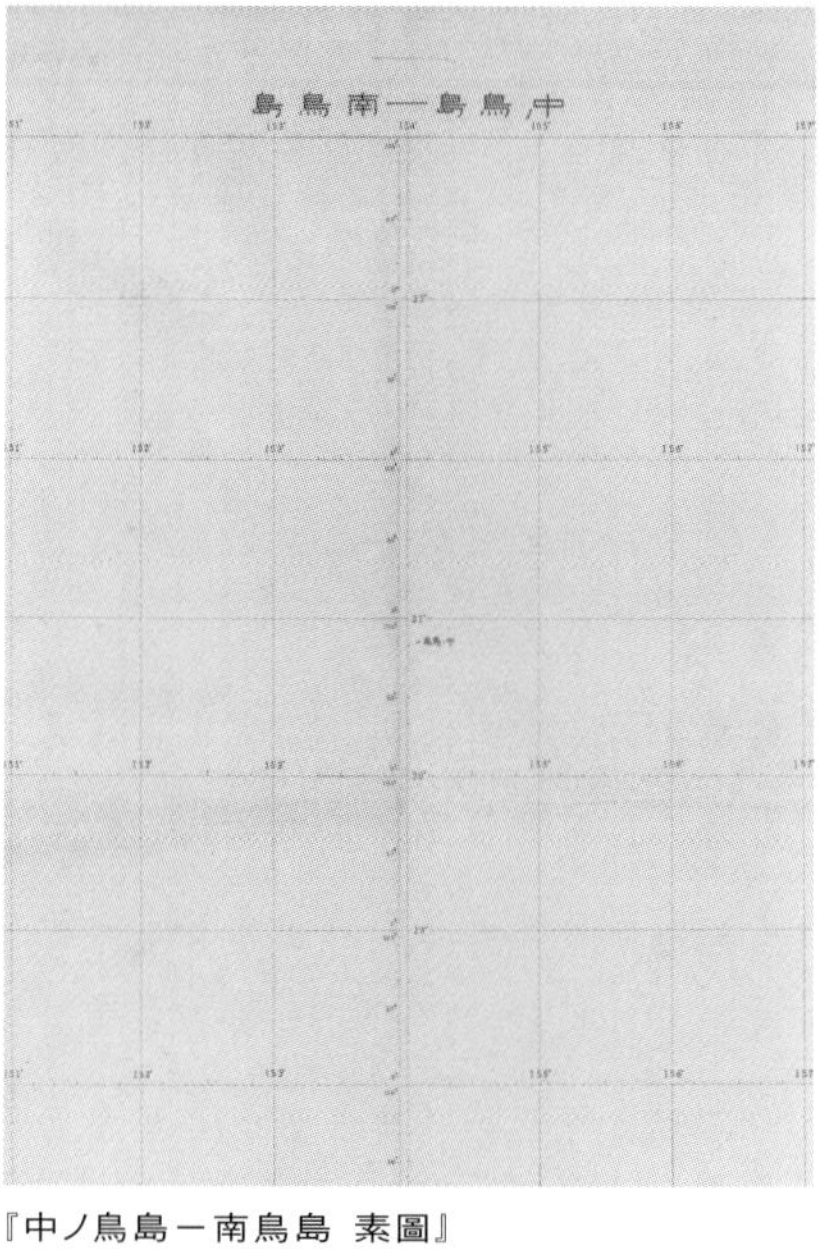

『中ノ鳥島－南鳥島 素圖』
（参謀本部、1944年9月）

№ 29

小祝島

祝島を見守る無人島

KOIWAI-SHIMA

山口県
熊毛郡
上関町

秘島度 | ★★
面積 | 0.52km²
周囲 | 約3km
人口 | 0人
アクセス | なし

祝島から約2km

反原発運動
（上関原子力発電所建設反対運動）で
有名な、祝島の沖合に浮かぶ島。
祝島は人口約450人を数えるが、
小祝島は無人島。険しい地形もあって、
これまで人が暮らした記録はない。

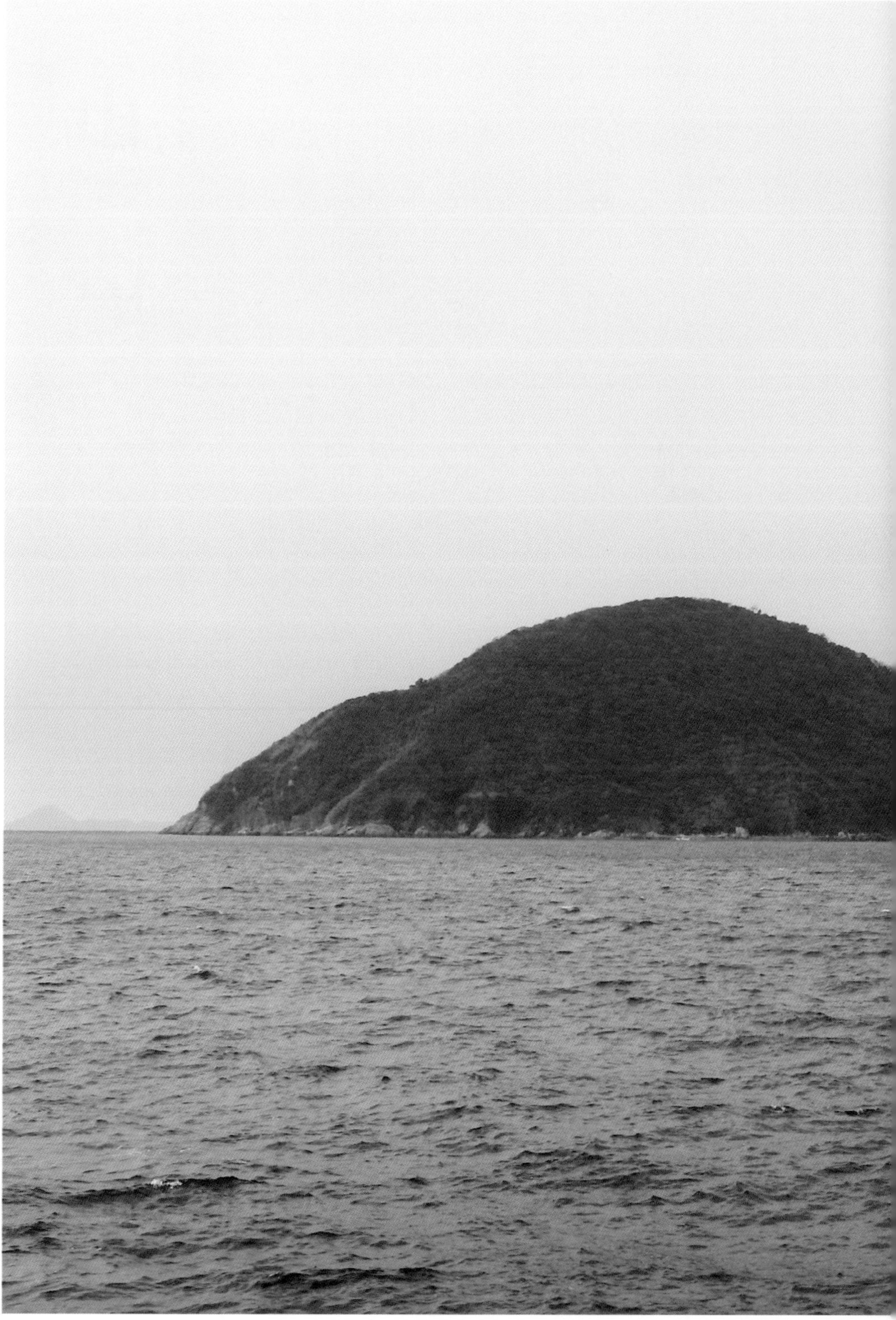

山

口県の祝島は、「日本でいちばん大切にしたい島」と言ってもいいのではないか――。

上関原発計画に三〇年以上、反対運動をつづけてきた島だ。中国電力による執拗な「買収工作」や強硬工事に、身体を張って抵抗しつづけている稀有な島。これまで各地の原発の多くは、電力会社の「政治力」「資本力」にモノをいわせた威圧によって、住民の反対を懐柔してつくられてきた。『原発をつくらせない人びと』は、祝島の反原発運動に密着したノンフィクション。地元島民の声が胸を打つ。

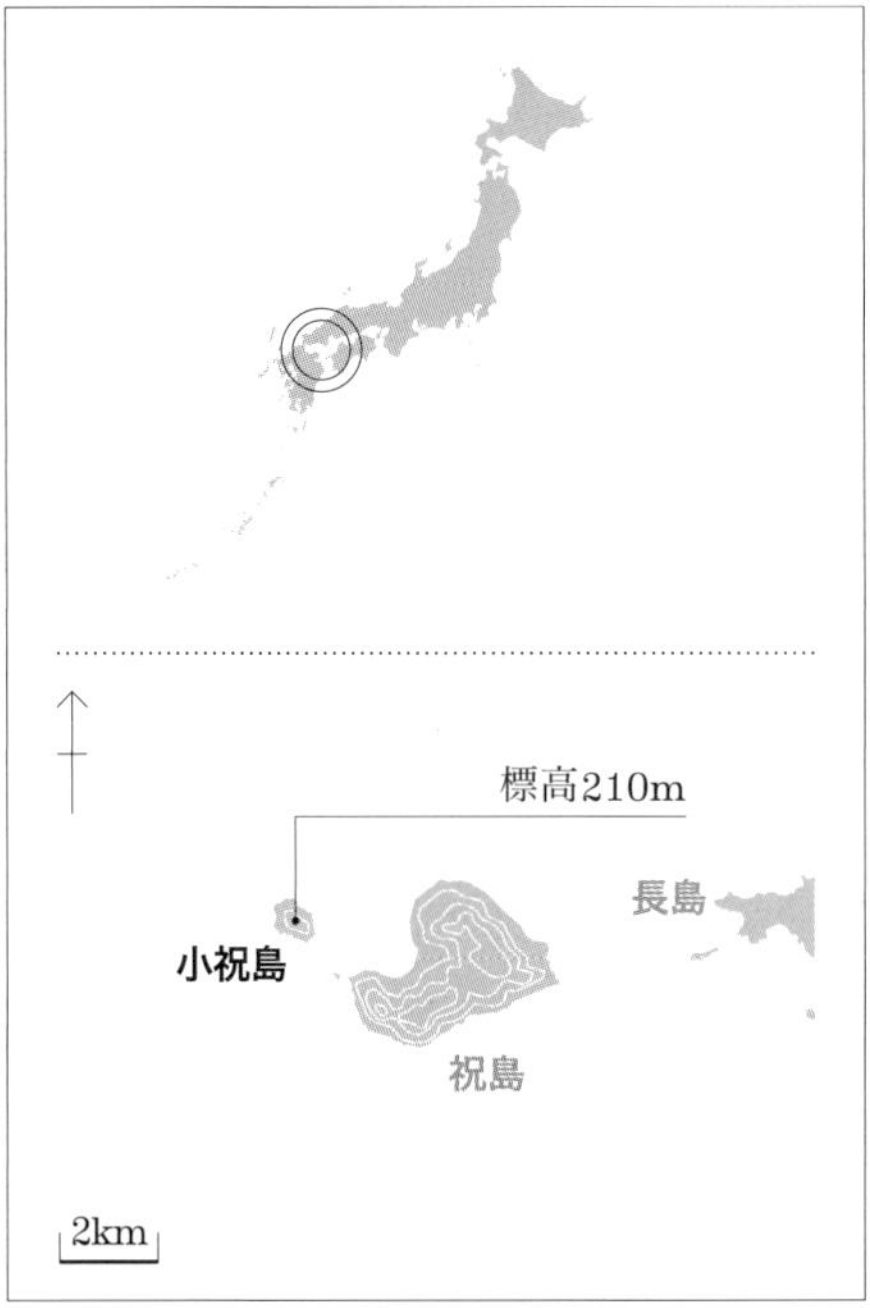

「うちら、海を汚さないように、ずっとお願いをしているですよ」「カネをもろうた者は、モノを言えんごとなる。中電にもろうたら、何も言えんのよ。それじゃけぇ祝島は、もらわずに突っぱってきたわけ」。

祝島の反対運動の特徴は、島のおばちゃんたちが主体的に運動に関わっている点だ。島のおばちゃんたちが中心となって、島を練り歩く週一回のデモを開始。そのデモは三〇年以上つづいている。

「原発、はんたーい」「きれいな海を守ろー」「きれいなふるさとを守ろー」といったシュプレヒコールが島に響く。デモの先頭には、三〇年前に五〇代だった女性たちが、立ちつづける。

そして、二〇一一年の東日本大震災を迎えた。福島第一原発の事故により、中国電力は作業を一時中断と発表したものの、「原子力発電は必要な電源であり、計画を進める方針に変わりはない」と、以降も計画堅持の意向を示している。この執拗さって、いったい何なのだろう……。これまでの計画と推進を正当化したいだけの、思考停止なのではないか。実は上関の原発予定地は、祝島にあるのではない。

祝島の東の対岸、約四キロの沖合に位置する島（長島）の田ノ浦だ。「カネをもろた者は、モノを言えんごとなる」と、対岸の祝島漁協だけは漁業補償金の受け取りを拒否しつづけたのだ。当初は原発立地予定の隣の島が率先して原発に反対しているということが、分かりにくかった。

しかし、実際に祝島に行ってみると、よく分かる。祝島の港からは、対岸の田ノ浦が、正面によく見える。思ったよりも、近い。対岸だからこそ、よく見える、よく分かる。原発はたとえ事故がなくても、温排水で海の環境を変えてしまう。事故防止の安全性だけが問われているわけではない。

そんな祝島の西の沖合には、無人の小祝島がある。

祝島を訪れた日は、波が高くて小祝島には漁船で近づけなかった。祝島の人に小祝島のことを訊いてみると、「人が住んだこともないし、行ったこともない」「マムシがいるので（行かない）」「畑に適さない」……とのこと。

祝島西岸の三浦湾に行くと、小祝島が正面に見える。ほとんど平地がない険しい地形で、鬱蒼とした緑に覆われている。小祝島に渡れば、きっと対岸に祝島が広く見渡せるはずだ。小祝島に上陸して、対岸の祝島を眺めれば、いっそう「祝島の尊さ」が見えてくるのではないか。祝島が大切に守りつづけようとしたものや、その精神が。

対岸の火事ではない。対岸だからこそ、よく見えることがある。よく分かることがある。

祝島に限らない。たとえどこに住んでいようとも、対岸のことを思う力、「対岸の火事」に向き合う力が、僕らに問われているのではないか。対岸のことを想像できなくなった時に、きっと大切なものを失ってしまうのだろう。祝島は、対岸を眺める力、眺めつづける力を教えてくれる。

祝島から対岸の上関原発予定地を眺める

肥前鳥島

3つの岩から3つの島へ — HIZENTORI-SHIMA

長崎県
五島市
浜町

秘島度 | ★★★★
面積 | 187m²
最高標高 | 16m
人口 | 0人
アクセス | なし

五島列島から約60km、
男女群島から約35km

東シナ海の北東部にある無人の島嶼群。
北小島（19m²・最高標高6.9m）、
中小島（80m²・同13m）、
南小島（88m²・同16.4m）の3つの
島からなり、総称が肥前鳥島。
周辺海域は好漁場として、
漁師や釣り師に知られている。

オ

チオチできない。二〇一四年秋、中国のサンゴ密漁船が小笠原海域に大挙して押し寄せた。その船の数の多さに、不安が込みあげてしまう。「赤信号みんなで渡れば怖くない」といった、堂々っぷり……。でも、これまでにも中国のサンゴ密漁船は、長崎県五島列島、沖縄県宮古島などにも、たびたび出没している。さらには、宝石サンゴ以外の密漁船の問題も深刻化している。

長崎県の最西端に肥前鳥島がある。長崎市街から西南西約一七〇キロの沖合に浮かんでいる無人島。「北岩」「中岩」「南岩」の三つの岩礁から構成されているが、二〇一四年に名称が「北小島」「中小島」「南小島」に変更された。

背景にあるのは、近年肥前鳥島や五島列島で中国や韓国の漁船による違法操業が常態化しつつあること。肥前鳥島は、日本の排他的経済水域（EEZ）設定の基点となっているが、韓国側は「岩なので基点にならない」と主張。岩の名称を島に変更することにより、日本のEEZ内であることを対外的に明確に示す、という狙いがある。

第二の尖閣、竹島になってしまわないうちに……。そうして、今や日本各地の「岩」が「島」の名称に変わっている。日本政府は、二〇一二年には三九、二〇一四年には一五八もの名もなき「岩」の名称を「島」の名称にしたため、今後の地図・海図に反映されていくことになる。それらの名称の多くは総じて長ったらしい。「南南西下小島」「南南西上小島」（いずれも南硫黄島付近の岩）、「西北西小島」（尖閣諸島、久場島付近の岩）、「西南西小島」（沖大東島付近の岩）などと、覚えにくい。ちょっと「力わざネーミング」「突貫名称」の感もぬぐえない。でも、島の周りに点在する、これまでの岩を島として新たにネーミングする困難さを考えると、やむを得ないのだろう。

そもそも何をもって「島」なのかは、解釈が難しい……。

国連海洋法条約では「島とは、自然に形成された陸地であって、水に囲まれ、高潮時においても水面上にあるものをいう」とあり、大きさは問われていない。このことを考えると、大半の岩は島であるといえる。

では、韓国は何をもって肥前鳥島を「岩」だといい、中国は何をもって、沖ノ鳥島を「岩」であると主張しているのだろうか。

それは同条約の条文に「人間の居住又は独自の経済的生活を維持することができない『岩』は、排他的経済水域又は大陸棚を有しない」とあるためだ。つまり、ここでいう「岩」の場合は、領海としての権利までは認めるが、さらに広域の権利までは認めない、ということになる。

しかし、条文の解釈は難しい。たとえ「居住していない」としても、何をもって「経済的生活が行われているか」の判断は難しい。「経済的生活に相当する」という対外的アピールのために、日本のかつての「岩」が「島」となり、沖ノ鳥島では、要件（経済的生活）を満たすために、気象観測、生物調査、灯台設置などが行われてきた。近年は、港湾工事も進められている。

排他的経済水域を守るという意味では、日本の無人島であっても岩であっても、対外的に「忘れられて放置されたまま」という状況だけは、避けないとマズいだろう。地球全体の人口が増えつづけている以上、資源の争奪戦は否が応にも過熱する。今まで以上に「油断ならない時代」になっていくことは確か。密漁への監視、「経済的生活の有無」が問われるという意味で……。

肥前鳥島の南小島

北方四島 竹島 尖閣諸島

〝揺れる〟島々

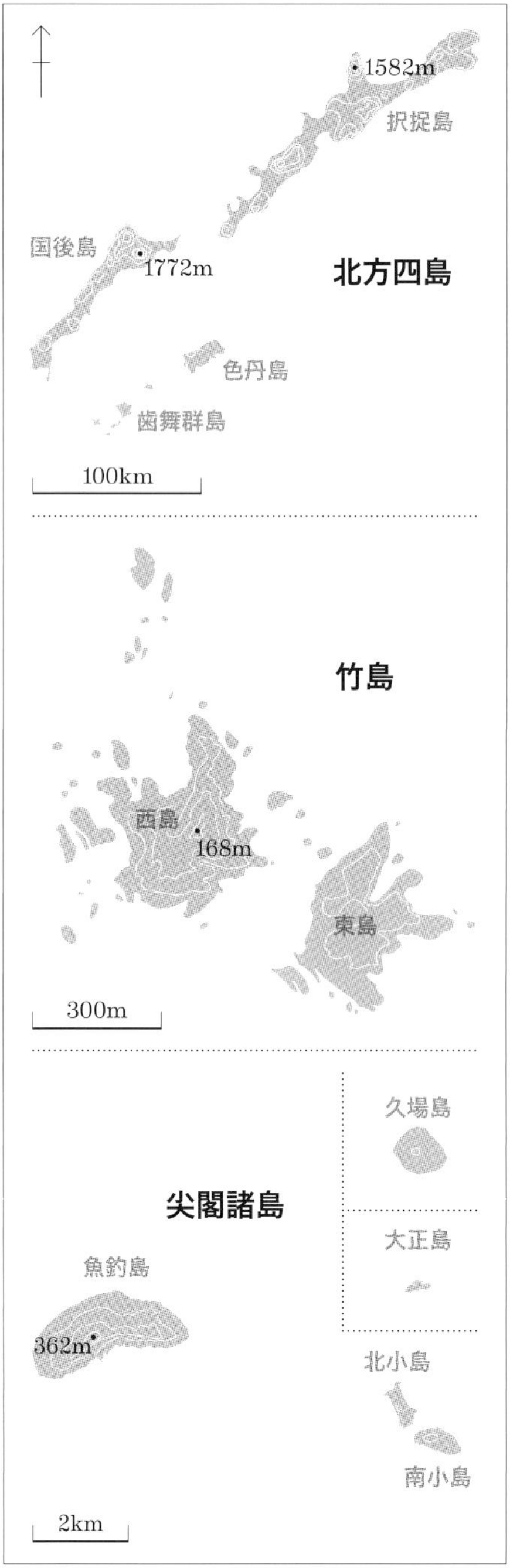

北方四島

ロシアに実効支配されつづけている、日本の北方四島（北方領土）。それも悪いことばかりではないのではないかと、考えさせられたことがある。一九九八年六月に、国後島・択捉島に上陸したときのこと。当時はテレビ局に勤務していたため、閣僚であった鈴木宗男氏の訪問に同行して、カメラを回した。両島に広がるのは、どこまでもつづく美しい海岸線。集落をちょっと離れれば、海岸沿いに建物や道路もなければ、消波ブロックもない。

もし、北方領土が戦後早々に日本に返還されていたら、あっという間に消波ブロックが大量に投下されて、堤防がどんどんつくられ、海岸線がコンクリートで固められて、自然の景観がズタズタにされてしまったかもしれない。領土問題がいつまでも未解決のままでいいとは思わないが、美しい景色が残っていることだけは、当時貴重なことのように思われた。

北方四島は、択捉島、国後島、色丹島、歯舞群島からなり、江戸時代後期から開拓がはじまった。第二次世界大戦の終了時には、約一万七〇〇〇人の日本人が、水産業や水産加工業に従事しながら暮らしていた。

その北方四島を秘島の観点から眺めてみよう。択捉島・国後島の両島は大きいので、歯舞群島と色丹島が「孤島感」「秘島感」があって気になるところ。とくに、歯舞群島は小さい島や無人島が点在し、「秘島旅情」を掻きたてる。戦前までは水晶諸島、珸瑤瑁《ごようまい》列島などとも呼ばれていた。

たとえば、島名に惹かれる多楽島（面積は一一・六九平方キロ）を見てみよう。その周辺にはさらに小さな、海馬島、

上｜納沙布岬灯台から歯舞群島を眺める
下｜歯舞集落（旧歯舞村）

カブト島などが浮かんでいる。さらには、海馬島もカブト島も総称であって、実際は小さな岩や島が集まった「ミニ群島」であるから、秘島的興味は尽きない。島の現状がほとんど分からないだけに……行ってみたいものだ。

北海道根室市の納沙布岬に立って、歯舞群島を遠望してみよう。歯舞群島の貝殻島は、岬の先わずか三・七キロと近く、灯台が見える。萌茂尻《もえもしり》島、水晶島も、納沙布岬から一〇キロ圏内にあって、よく見える。納沙布岬のすぐ近くには、高さ九六メートルの「オーロラタワー」がある。その展望台にのぼってみると、遠くは志発《しぼつ》島も見通せる。

そして、根室半島の南岸に足をのばせば、歯舞集落がある。今は根室市に合併されたが、かつての根室支庁花咲郡歯舞村だ。歯舞村は、根室半島の先端部と歯舞群島を村域としていた。歯舞集落を訪ねてみると、「歯舞小中学校」「歯舞郵便局」といった「歯舞」の名が目に飛び込んでくる。

戦後から今に至るまで、ロシアに実効支配されている歯舞群島へ自由に行き来することはできない。でも歯舞集落を訪れると、日本は歯舞群島と「今もつながっている」という実感がひしひしとわいてくる。

竹島

日本海の南西に浮かぶ、島根県の竹島。一九五二年に韓国の李承晩《イスンマン》が突如一方的に領有権を宣言し、未だに韓国の実効支配がつづいている。本来は絶海に浮かぶ「秘島感」あふれる島のはずだが、韓国による実効支配というモノモノしさから、その旅情は感じられないだろう。韓国の沿岸警備隊の駐屯、韓国による灯台や通信塔、接岸場やヘリポートの建設……。

それでも、本来の「秘島らしさ」という観点から、竹島を見てみよう。

竹島は、西島（男島）と東島（女島）を中心として、数十の小島群からなる。いずれも急峻な岩の島で、本来であれば人を寄せつけない「絶海の孤島」といった静けさが漂っていたはず。

その「かつての姿」を竹島に棲息していたニホンアシカから想像してみたい。かつては北海道から九州まで、日本各地の沿岸に棲息していたニホンアシカ。今や絶滅したものと考えられているが、「最後の目撃事例」とされるのが一九七五年の竹島だった――。

一九世紀末から二〇世紀初頭にかけて、皮と脂のためにニホンアシカが多くの棲息地で乱獲された。また、漁業技術の発達とともに、アシカが網を破るといった被害が出はじめたために、ニホンアシカの駆除も行われた。東京湾、伊豆半島、瀬戸内海……と、次々にニホンアシカの姿が消えていく。そして、絶滅へと追い詰められたニホンアシカの最後の聖域が竹島だった。

つまり、人間の手を逃れて逃れて、最後まで逃れつづけられたのが、唯一、竹島だった。それだけ、竹島は人を寄せつけない、リモート（遠隔）感漂う秘島だったといえる。

そんな竹島のニホンアシカにも、人の手が忍び寄る。多い年には年間二〇〇〇頭ものニホンアシカが捕獲されたが、明治大正時代の日本の乱獲によって、個体数・捕獲数が激減。昭和に入っても一九四一年の太平洋戦争開戦まで、猟はつづけられた。

戦後も一九五〇年代までは竹島で公式に個体数が確認されているが、六〇年代に入るとほぼ姿を消していたようだ。一九七五年の「最後の発見」とされる報告からも、もう四〇年が経つ。韓国の竹島の占拠、要塞化によって、日本の保護政策もとられず、気づけばこの世から姿を消してしまった、ニホンアシカ。歴史に「もし」はないとはいえ、もし領土問題がなかったなら……と、ついつい考えてしまう。

千葉県の銚子市にある犬吠埼《いぬぼうさき》に行ってみた。

犬吠埼は、関東平野の最東端に位置する岬で、太平洋に突き出るような形をしている。かつては、ここもニホンアシカの繁殖地だった。犬吠埼の近くには海鹿島《あしかじま》海岸もある。犬

上｜ニホンアシカの剥製（天王寺動物園）
下｜犬吠埼灯台

吠埼の地名は、ニホンアシカの鳴き声が犬に似ていることから名づけられたという。

灯台のある高台の岬に立って耳を澄ます。びゅうびゅう風の音、ごろごろ波の音……。かつてはこの眼下にキャンキャンといったニホンアシカの鳴き声が木霊していたのだろうか。犬吠埼は、週末にもなると多くの観光客がやってくる。もしも、今もこの海にニホンアシカが泳ぎ回っていたら、どれほど多くの人の心を和ませたのだろう。犬吠埼のニホンアシカは、明治末期（一九一〇年前後）頃には、もう姿を消していたようだ。

およそ一〇〇年前の海。日本中に、あたり前にいた、ニホンアシカ――。ニホンアシカが群れていた豊かな環境も、人間の手によってあっという間に歪められてしまう。最後の聖域であった竹島からも、もう本当に姿を消してしまったのだろうか……。

犬吠埼の雄大な海を眺めていると、昔から何も変わらない景色を眺めているかのように思える。でも、海を取り巻く環境は、大きく静かに変わりつづけている。

尖閣諸島

「尖閣諸島に領土（領有権）問題は存在しない」というのが、日本政府の公式見解。国際法に基づいた領土編入手続きを経た固有の領土であり、他国の実効支配も許していないためだ。しかし、領有権を主張する中国・台湾とのいざこざで、睨み合いがつづく「揺れる」島々になってしまっている。

かつて尖閣諸島には、最盛期に二四八人もの日本人がカツオ節の生産などで暮らしていたが、一九四〇年に日中戦争の影響で全島民が島を離れ、今も無人島のまま。『国境の人びと』には「仮に尖閣諸島に日本人が暮らし続けていたら、中国は自国の領土だと主張しただろうか。おそらく与那国島などの周辺の島々と同じように日本の領土として、何の問題も起こらなかったことだろう」と、記されている。確かに、そう思う。それを考えると、島に人の営みがつづいていくことの「大きさ」を考えさせられる。「遠くの島の暮らしは不便で非効率」という経済合理性だけでは、測れない。

尖閣諸島は、沖縄県八重山諸島の北方約一七〇キロに点在し、魚釣島、北小島、南小島、久場島、大正島などからなる。二〇一二年九月には、私有地であった三島（魚釣島、北小島、南小島）を、日本政府が二〇億五〇〇〇万円で購入し、島は国有化された（久場島は、現在も私有地）。

尖閣諸島の歴史を遡ってみよう。一八九五年にアホウドリ捕獲を目的に実業家・古賀辰四郎が久場島借用の「官有地拝借御願」を内務大臣に提出した。翌一八九六年、政府は古賀に申請の久場島だけでなく、四島（久場島、魚釣島、北小島、南小島）を三〇年間無償という、破格の条件で貸し与えた。裏を返せば、無価値に等しい島だと考えられていた。

ここから、伊豆諸島の鳥島と同じく、急激なアホウドリ撲殺事業がはじまる。出稼ぎ労働者は一人で一日に三〇〇羽を捕獲したとされ、「一八九七年（明治三〇）から一九〇〇年までの三年間に二〇万斤の羽毛が採取された。アホウドリ四羽で一斤の羽毛が採れるとすれば、およそ八〇万羽のアホウドリが殺されたことになり、『島上一面　鳥の死骸を以て満され居る』という状況であった」という（「明治期における尖閣諸島への日本人の進出と古賀辰四郎」『離島研究Ⅲ』）。

こうして、鳥島の玉置半右衛門と同じく、古賀もアホウドリ撲殺によって巨額の富を手にした。やがてアホウドリは激減するが、古賀の事業はさまざまな分野に拡大し、魚釣島ではカツオ漁業（カツオ節）と海産物、久場島では鳥糞の採取と農業、南小島・北小島では鳥類の剥製業と多角化が進む。そして一九〇八年には、尖閣諸島での住人が二四〇人を超えるようになった。

しかし、「古賀の事業は、アホウドリをはじめとして略奪的生産が多く、そのため資源の枯渇は早く、長く続く産業は

魚釣島

なかった。加えて、台風や冬季の強い季節風など居住条件は劣悪であった」（同）。

こうして尖閣諸島の「最盛期」は萎んでいくことになる。一九二六年に古賀への三〇年間無償貸与期間が終わり、以降は一年契約となって、長男の古賀善次が借地料を払っていた。しかし、かつての事業がほとんど消滅し、借地料の負担が大きくなったため、政府に払い下げを申請し、一九三二年に政府は古賀に尖閣四島を二一五〇円五〇銭で払い下げた。一九四〇年には戦時色が濃くなったために、尖閣諸島は無人化し、以降はずっと無人のまま。

尖閣諸島の歴史も（伊豆）鳥島などと同じく、移民・開拓というよりも出稼ぎ労働者を酷使して、資源を採り尽くしたという、ゴールドラッシュ的な「一気呵成ビジネス」だった。やがて「尖閣諸島の海底に豊富な油田が存在するであろう」と注目されはじめると、一九七一年から中国や台湾は尖閣諸島の領有権を主張しはじめて、今に至っている。

尖閣諸島を秘島の観点から眺めてみると、辛苦が凝縮されているのは、尖閣諸島戦時遭難事件だろう（Ⅱ部「もうひとつの漂流記を読んでみる」詳述）。

太平洋戦争末期の一九四五年、日本の疎開船二隻（乗船者約一八〇名）が米軍機の攻撃を受け、無人島だった魚釣島に漂着した事件だ。四五日後に遭難者が救出されたが、海上での戦闘や漂着した島での飢餓、救出後の衰弱などにより約半数が犠牲になったといわれる。疎開船が攻撃された悲劇は、鹿児島県トカラ列島の悪石島沖で沈没した「対馬丸」が知られているが、尖閣諸島でも悲劇は起こっていた。

何より悔やまれるのは、この遭難事件によって魚釣島で亡くなった方々の遺骨が今も収集されていないことだ。四五日ぶりの救助船に乗り込む際、海岸に埋めた遺骨は持ち込むことを許されなかった。「口々に遺骨を持って帰りたいと言いましたが、この際そんなものは次にしなさいと兵隊に一喝されました」（『証言』『沈黙の叫び』）。

一九六九年、石垣市によって魚釣島に慰霊之碑が建立されたが、それ以降は領土問題などが絡み、現地での慰霊祭は行われていない。これまでの慰霊祭は石垣島で行われてきた。領土を巡る問題の陰で、大切なことがずっと先延ばしにされている。

Ⅱ部　秘島　実践編

行けない島を身近に感じる方法

本籍を移してみる

秘島は、遠い。

何か、実際に行けなくても身近に感じる方法はないものか——。

ひとつには、「本籍を秘島に変更する」という手がある。

本籍は今住んでいるところとは関係なく、国内ならどこに置いてもいいので、変更(転籍)は可能。もちろん、無人島にも本籍を置くことができる。手続きは、所在地の正確な地番(本籍地)を調べたうえで、所轄の自治体に届け出る。つまり、土地の登記簿か国有財産台帳に記載されている地番にのみ、本籍が置ける(ただし、住民票は住んでいないと移せない。また本籍を変更すると、本人が亡くなった際の相続登記など、手間暇がかかるといったデメリットもある)。

でも、そうして本籍地を秘島に変更したとして、いったい何のメリットがあるか?

それは……心的メリット、だろう。おそらく、「秘島の本籍地」に愛着がわいてくる。実際には、その本籍地に住めなくても、行ったことがなくても、自分は「その島とつながっている」という思いがわいてくる。

もっと卑近なところでは、運転免許証に「本籍地が記載される」というメリットがあった。いつも持ち歩いて、眼で感じられるメリット。しかし、今や運転免許証はＩＣカード

「おがさわら丸」船上

化され、個人情報保護の観点から、本籍が記載されなくなってしまった。

ということは、眼で見て本籍を実感できるのは、住民票を取って「本籍地欄を眺めて悦ぶ」ということくらいか。

もしも、自分が秘島に本籍を移すとしたら……。

おそらく沖ノ鳥島を選ぶ。日本最南端の無人島が本籍というのは、なんだか「南の解放感」「最果て旅情」があってイイ。その際は、「東京都小笠原村沖ノ鳥島一番地」か「二番地」になるのだろう（前者は沖ノ鳥島の北小島、後者は東小島を指す）。

実際に本籍を移す人も増加している。月刊誌『SAPIO』の記事によると、沖ノ鳥島に本籍を置いているのは約二一〇人もいる。北方領土は一三二人、尖閣諸島は約二〇人、竹島は約五〇人とある（二〇一一年一月二六日号）。これらの人数は領土問題への意識から、増える傾向にあるという。

竹島に本籍を置く人は、二〇一二年には八八人に増えている（『読売新聞』二〇一二年八月二五日朝刊参照）。その地番は「島根県隠岐の島町竹島官有無番地」。記事によると、本籍を移した人は、領有権アピールを狙った研究者や会社員らが目立つという。

二〇一二年、東京都の石原都知事（当時）が、個人の私有地であった尖閣諸島（魚釣島、北小島、南小島）の購入計画を発表した。その動きを契機に、国が尖閣諸島を購入することとなって国有化された。おそらく、その頃にも尖閣諸島に本籍を置く人は増えたのであろう。

ただし、「本籍地は無人島でもＯＫ」といっても、特定の市・町・村に属していない地域には、本籍を置くことができない。本書で取り上げた島・岩では、ベヨネース列岩、須美寿島、（伊豆）鳥島、孀婦岩の四島が所属未定地。これらの四島は、どこの市町村にも帰属しない地域として、東京都の出先機関である東京都総務局八丈支庁が管理している。

しかし、中でも伊豆諸島の鳥島は、かつては定住者もあり、比較的大きな島なのに、なぜ所属市町村が未定なのか？

調べてみると、かつて八丈島（八丈町）が先住権を口実に鳥島の編入を東京都に申し立てたところ、青ヶ島村が島からの距離の近さを訴えて、これに応戦した（『朝日新聞』二〇一〇年五月二八日朝刊参照）。そんな経緯もあって、今も所属市町村が未定とのこと。

未だどこの市町村にも属さない島が、日本、しかも東京都にあるとは……。

それは、いわば「無頼派秘島」なのかもしれない。

日本の漂流記を読んでみる

漂流記といえば、『ロビンソン・クルーソー』、『十五少年漂流記』……が思い浮かぶ。日本の秘島を知るという意味では、日本の漂流記も読んでみたい。代表的な漂流記、吉村昭の『漂流』を見てみよう。

伊豆諸島の鳥島を舞台に描かれている。江戸時代の一七八五年に船の難破で鳥島へ漂着し、一二年以上におよぶ無人島生活の後に故郷へ帰還した土佐の船乗り、野村長平の史実を基にした物語。

漂着者は、海岸近くの洞穴で暮らしはじめる。まずは、雨水をためて飲み水を確保。そして「地面が鳥に埋もれていた」と描かれているほど、島に群れていたアホウドリを次々と捕獲して、飢えをしのぐ。そして、島の近くに船が現れることを待ちつづける。

やがて春になり、漂着者たちは、アホウドリが渡り鳥であり、北の地に飛び立とうとしていることを察知する。生命線であるアホウドリの肉が食べられなくなってしまっては、みな餓死してしまう。そうして、アホウドリが飛び立つ前に急きょ「アホウドリの干物」づくりが開始され、鳥がいない間の蓄えをつくる。

そうして生きながらえながら、船が通りかかるのを待ちつづける。

でも、船影は一向に現れない。

そのうち仲間が衰弱して、一人また一人と命を落としていく。漂着者が鳥島を探検すると、洞穴の中に白骨化した死体を発見する。江戸時代、鳥島に漂着した人はかなりの数にのぼっていたらしいが、その大半は島で死亡していた。やがて、後から流れついた漂流者も加わり、「島をぬけ出す方法は、浜に打ち寄せた木材や板を集めて、舟を造る以外ない」という結論に至る。そのときの漂着者は、総勢一四人にもなっていた。ようやく舟が完成し、海に漕ぎ出す。約二三〇キロも北にある青ヶ島に辛くも辿りつき、さらに北方七〇キロに位置する八丈島に無事生還した。

『漂流』は史実（漂流者の記録）に基づき、克明な取材がなされているために、漂流・漂着者のリアルがひしひしと伝わってくる。漂流という言葉には、どこか自由さ、壮大さ、未知なる出会いを連想させるロマンが秘められているようにも錯覚してしまうが、無人島に上陸した漂着者に待ち受けているのは、ただただ壮絶なサバイバルだと気づかされる。飢えや喉の渇きだけではなく、漂着者は孤独や絶望、自死への衝動とも闘わなければならない。鳥島に限らず、秘島には数々の漂流者が流れつき、人知れず命を失った歴史が刻まれているのだろう。

『漂流』の次は、漂流記ではないが新田次郎の『孤島』を読んでみたい。『漂流』と同じく、伊豆諸島の鳥島を舞台にした物語。

鳥島は一九三九年の火山噴火で無人化していたが、一九四七年に中央気象台鳥島測候所が開設され、台風観測の拠点となっていた。観測は一九六五年までつづけられたが、火山性地震が発生したため閉鎖。全員引き揚げて以降は無人化した。『孤島』は、そんな当時の測候所員たちの生活をリアルに描いた作品。

島には測候所員しか暮らしていない。そこで繰り広げられる、のびのびとした暮らし。……ではなく、緊張感が漂う暮らし。交代が来るまでの六か月から一年間も限られた男だけという「閉じられた世界」で暮らす閉塞感が描かれている。

ここで注目したいのは、江戸時代を描いた『漂流』と昭和を描いた『孤島』における、鳥島の光景の隔絶ぶり、だ。前者ではアホウドリが島を埋め尽くしていたのに、後者ではアホウドリの姿が島から消えている。明治時代の一八八七年から、玉置半右衛門によるアホウドリの撲殺事業がはじまったためだ。アホウドリ撲殺は、一九三三年に採取禁止になるまでつづけられたが、人間の手によって、島の光景が大きく歪められていく。その変容が、両作品を読むとよく分かる。

鳥島に関しては、漂流記が豊富で、井伏鱒二の『ジョン万次郎漂流記』もある。この作品は、少年ジョン万次郎ら五人が鳥島に漂着（一八四一年）し、五か月後にアメリカの捕鯨船に救助されるという、史実に基づいた物語。ジョン万次郎は、ご存知の通り、アメリカ本土で新知識を身につけて、やがて幕末の日米交渉に活躍する。

さらに『世界を見てしまった男たち』や『鳥島漂着物語』を読むと、鳥島には一七二〇年に漂着して、二〇年近くも暮らした三人の漂流者がいたことも分かる。「わが国の歴史上、これほど長い年月を無人島で生活した漂流者は他にいない」（『鳥島漂着物語』）という。『漂流』で描かれた、野村長平の一二年間の無人島生活もすごいが、二〇年の事例もあったとは……。

いずれも鳥島の話ばかりになってしまったが、秘島を知るうえで、漂流記の魅力は尽きない。秘島には、今は無人島であっても、いにしえの哀しみが横たわっていることも、漂流記を読んで想像してみたい。大海原でシケに遭って漂流する恐怖、悲愴感。辛くも辿りついた無人島での壮絶さ。単調に過ぎていく時間、歳月。望郷の念、孤独、飢え、病、忍び寄る死……。

恵まれた現代に生きていると、秘島というものに「管理社会・均質社会からの脱出」「癒し・解放感」といったロマンをついつい抱いてしまう。でも、漂流記に描かれているのは、このままずっと島を出られないのではないか、という恐怖。「島から出られない」「もう、どこへも行けない」という閉塞感は、人をかくも絶望させるのか、ということが分かる。

もしかすると、いつの時代であっても、どこに住んでいようとも、人をいちばん弱らせるのは、「もう、どこへも行けない」と思い込んでしまうこと、なのかもしれない。

もうひとつの漂流記を読んでみる

漂流はいつの時代でも、極限の状態を強いる。

しかし、戦時中の漂流ほど過酷なものはないだろう。

戦時中の疎開船撃沈を振り返ってみたい。疎開船が沈没すると、老若男女問わず、海に投げ出されることになる。疎開船の悲劇といえば、「対馬丸」が頭に浮かぶ。

一九四四年八月二二日の夜のこと。

那覇を出航した疎開船「対馬丸」は、疎開先の長崎に向かう途中、米潜水艦の魚雷攻撃を受ける。乗船者は一七八八名。そのうち生存者は、約二八〇名とみられている。

沈没したのは鹿児島県トカラ列島の悪石島沖、北西約一〇キロの地点。I部で取り上げた臥蛇島からも南へ約四〇キロの地点と近い。

「対馬丸」は単独で航行していたのではなく、二隻の護衛艦とさらに二隻の疎開船とともに長崎へ向かっていた。しかし、護衛艦は救助活動をしないまま走り去った。なぜ護衛艦は「対馬丸」を「見捨てた」のか――。

学童生存者であった上原清氏は「他にも疎開船はいたし、ぐずぐずしていれば自分たちもやられてしまうと考えたのでしょう」(『毎日新聞』二〇一四年三月三〇日朝刊)と語っている。また、大城立裕『対馬丸』では、「闇のなかでの〔遭難者の〕救助は探照灯を必要とする。それは最も危険だ。さらに、護衛艦が遭難者の救助にかまけては、その隙に〔疎開船の〕和浦丸と暁空丸とが狙われる。このさいは、せめて全滅を防ぐことを考えなければならない。すくなくとも〔護衛艦の〕『宇治』艦長はそのように判断したと思われる」と、推察している。こうして護衛艦が「対馬丸」の救助を行わなかったことが、「対馬丸」の漂流者にとっては悲劇のはじまりだった。

上原氏の体験記（『対馬丸　沈む』）によると、船内から脱出できた学童は真っ暗な海に投げ出されたものの、「遭難の翌朝、海上には学童たちが大勢元気でいた。だが、置き去りにされ、救助の手も差し伸べられないまま日時が経つにつれて、次々に暗黒の海に沈んでいった」と記されている（ただし、走り去った護衛艦からの連絡で、漁船や哨戒艇による救助によって、約一七七名の疎開者が救助されている）。

以下、『対馬丸　沈む』を読んでみる。当初「護衛艦が必ず助けに来る」と「対馬丸」の漂流者たちは固く信じていた。大勢の漂流者同士で「元気でねー、頑張りましょうね」などと励ましあっていたという。上原氏は仲間三人と一緒に、太い竹をロープで結んだイカダに乗っていた。不運にも台風の接近に見舞われ、海が荒れ、南へと流されはじめる。大波で水浸しになり、冷たい風で体力を消耗していく。

上原氏らは、漂流三日目になると、もう護衛艦の救助を半ば諦めていた。生きる希望はただひとつ。「私たちは島を捜し始めた。しかし、三百六十度、どこを見ても、水平線だけが大きく円を描いているだけであった」（同）。

やがて喉の渇きは、限界に達していく。水分の不足で血流が悪くなり、幻覚に襲われるようになる。懐かしい景色、水道の蛇口から流れる水……。

漂流六日目にして、ようやく奄美大島に漂着する。「対馬丸」の沈没地点からは、南西約一五〇キロ。国民学校四年生だった上原氏と三人の仲間は、まだ一〇歳だった。

そんな悲劇に見舞われた「対馬丸」は、今も悪石島の近く、深さ八七一メートルの海底に横たわっている。

さらに、もうひとつの疎開船の漂流を見てみたい。

I部の「尖閣諸島」で先述した、尖閣諸島戦時遭難事件。

その漂流記録は、『沈黙の叫び』に詳しい。

一九四五年七月、民間人を乗せた疎開船二隻は、戦禍を避けるために石垣島を出て台湾へと向かっていた。乗船者(約一八〇名)の大半は女性、子ども、お年寄りだった。

途中、米軍機の攻撃を受け、一隻(第五千早丸)は沈没、もう一隻(第一千早丸)は機銃攻撃によってエンジンが停止。沈没した「第五千早丸」から、一部の人々は「第一千早丸」に収容されたが、操行不能の船は漂流をはじめる。

一七時間後、修理によってかろうじてエンジンが動き、「第一千早丸」は、魚釣島に上陸した(上陸のあと、エンジンは再び故障)。魚釣島は、尖閣諸島の中で唯一湧き水がある島だった。喉を潤すことができた一行だが、そこから壮絶な無人島生活がはじまる。明治時代にはカツオ節工場がつくられ、最盛期には魚釣島を中心に二四八人の人口を数えた尖閣諸島は、一九四〇年以降すでに無人化していた。食料不足による飢餓に苦しみ、体力が衰え、栄養失調による死者が出はじめる。

「島では毎日、何人かがなくなりました。火葬することもできず、海岸に穴を掘って埋葬するだけの簡単なものでした。そのうち日がたつにつれて、穴を掘る元気もなくなり、岩陰で風葬したと聞いています」(「遭難者体験記」『沈黙の叫び』)。

移動手段も通信手段もない中、一人、また一人と魚釣島で亡くなっていく。

体力も衰え、死と直面したときに、人々が思い立ったのは、舟を造ることだった。幸い、船大工がいたため、島に流れ着いていた難破船から材木や釘を集めて、小舟(サバニ)を一〇日間かけて漂着者で造りあげた。全長五メートル、幅二メートルのサバニ。

そうして、石垣島まで助けを呼びに行く九人の「決死隊」が結成される。動力は漕ぐことと帆を張ることだけ。しかも、南方の石垣島までは約一七〇キロも離れている。

そして、終戦の翌日(八月一六日)、魚釣島の上空に飛行機の爆音が響く。それは、米軍機ではなかった。友軍機だった。人々の歓声の中、乾パンや飴などが魚釣島に投下された。「みんな大きな声を出してね、飛行機に向かって『友軍機だ』という声に対してわーっとだけ言って、みんな涙流して泣いているんですよね」(「証言」同)。

全員が餓死する寸前の救助だった。友軍機の飛来の翌々日には救助船三隻が魚釣島に到着し、四五日目の生還となった。

そう、この救助は九人の「決死隊」が出発から二日目に無事石垣島に上陸し、助けを求めたことによるものだった。「決死隊」は栄養失調の衰えた体で、約一七〇キロを漕ぎ切った。途中、米軍機の接近の際は、サバニを転覆させて、無人舟を装ったという。

慰霊之碑（石垣市新川）

こうして四五日間におよぶ飢えと闘い、魚釣島の生存者は奇跡的に救助された。

終戦の日から、もう七〇年が経つ。魚釣島はじめ尖閣諸島は、戦後ずっと無人で、一般人の上陸も許されてこなかった。そうして気づけば他国に領有権を主張され、今に至っている。

生還者や遺族は、魚釣島での慰霊祭を希望し、石垣市も政府に尖閣諸島への上陸許可を求めてはいるが、未だ実現していない。石垣市の新川には「尖閣列島戦時遭難死没者慰霊之碑」が建立され、毎年石垣島で慰霊祭が実施されている。

二つの疎開船の悲劇――。

漂流から生き延びることができたのは、ごく一握り。

漂流者をいちばん生んでしまうのは、いつの時代でも、戦争だ。

秘島の「夢のあと」を本でたどる

〔島々の〕生活のよどみの中にのこっている古い習俗をロマンチックと見、奇習と見、これをさがしもとめて訪れるものは時々あっても、その生活の低さについて真剣に考えようとする人はいくらもなかったようである。ただ島民の純朴さや古風をたたえるような紀行文や報告ばかりが多かったのである。（「おくれをとりもどすために」『日本の離島　第1集』）

日本各地や島々をフィールドワークした民俗学者の宮本常一は、当時の島の暮らしの苦労をこのように述べていた。それは、「外」からの「情緒的報告」ではなく、島の内側からのまなざしの重要性を説いている。

なぜ島で生きることが苦労なのか。その背景は、次のように述べられている。

島とは四囲を海にめぐらされて地域的にはある独立性を持ちつつ、社会経済的には本土へ何らかの形で従属的に結びつかねばならない運命を持った世界であった。しかも島で生産される物資が、島にもっとも近い本土に対して必要のないようなものである場合、島は本土のさらに遠い社会に結びつかねばならなかった。それがまた島民をど

れだけ不幸にしたことか。（「島に生きる」同）

昔の島の自給自足的生活が崩れ、貨幣経済、金がモノをいう社会になり、島はどんどん「中央」から後れを取っていく。高度経済成長期には、その差がどんどん開いていく。そうして島の労働力が都会へと流れた。過疎化が進んだ東京都の八丈小島、鹿児島県の臥蛇島などは、全島民離島という苦渋の決断をして無人化した。

僕らも秘島のかつての暮らしを考えるとき、そこで暮らした人々への想像を膨らませたい。いうなれば、「外」からではなく、「上」からでもなく、「内側の」「下からの」目線で、当時の暮らしに思いを馳せたい。かつて秘島で暮らした方々に、今や直接話を伺える機会は少ない。ならば、当時の暮らしの記録を紐解いて、想像を膨らませてみよう。

一九五九年。まだ人が暮らしていた鹿児島県の臥蛇島を訪れた詩人・思想家の谷川雁は、当時の島の暮らしを次のように記している。

あなたは知っているか、黒潮のただなかにある十四戸六十人の国を。岩と丸木舟と神々と――これ以上消耗するか、遮断されるかするなら、もはや存在することのできない極小の人間世界を。（中略）きっと私は彼等を喜劇的にしか描くことができないであろう。そのことが私をはてしなく滑稽な存在にしてしまうのだ。（「びろう樹の下の死時計」『工作者宣言』）

こうしたはじまりで、臥蛇島の生活苦、孤独が語られていく。もちろん、ここでは「外部の者の目」で語られた「物語性」がつくられてはいるが、今や無人化した島の当時を偲ぶには、貴重な資料だ。谷川雁は島の暮らしを「資本主義社会のなかの社会主義的状況」と表しているが、それは島の「横のつながり」「富を分け合う」という「温かさ」だけには収斂できない、厳しい現実の暮らしのことも指している。貨幣経済下において格差が拡大し、「島が置いてけぼり」にされた状況だ。

同じく臥蛇島（およびトカラ全般）の書物を見てみよう。

「内側の」「下からの」という目線でいえば、南日本新聞社編の『トカラ　海と人と』は名著だ。一九七九年から約一年間、南日本新聞に連載された「トカラレポート」を一冊にまとめたもので、高度経済成長に翻弄されつつも、離島で暮らす島民の覚悟と迫力が伝わってくる。

取材当時は、臥蛇島が無人化して一〇年が過ぎていたが、各地に移住した元島民の追跡調査も行っている。そのインタビューは胸を打つ。「島を離れてよかったのか」「離れるしか選択肢はなかった」「今でも島に帰りたい」と、それぞれの島民の複雑な胸の内が伝わってくる。

島は愉しい。美しい。ついつい島の都合のよいものだけを取り上げたり、愉しんだりして、島を分かったような気持ちになってしまう。しかし島には、愉しさや美しさと等しく、歴史を刻んできた先人の苦しみや哀しみも含まれている。『トカラ　海と人と』を読むと、そのことに感じ入る。

宇津木小中学校跡（八丈小島）

また、武田泰淳の『流人島にて』を読めば、臥蛇島と同じく無人化してしまったが、ありし日の八丈小島がありありと浮かんでくる。人が暮らしていた頃の島の情景が――。

古くから島流しの地であった八丈島。さらにその先の島流しの地であった、八丈小島。かつて感化院の不良少年としてこの地に強制労働させられていた男が、自分を殺そうとした男（雇い主）に、時を経て復讐しようとする物語。島という閉ざされた空間は、時には逃げ場のない緊張をも孕んでいることを突きつけてくる。

小説でもノンフィクションでもいい。自由に読み進めて「秘島旅」をつづけたい。島の「夢のあと」を書物から遡って、往年を偲びたい。そこに住んでいた人々の営み。時として、人間以上に島が「生きて呼吸をしている」ようにも思えてくる。

秘島の「最寄」有人島まで行ってみる

日本の秘島には、なかなか近づけない。ましてや、上陸するとなると本当に難しい。ちょっと近くの無人島に行くにも、個人で船をチャーターすれば、お札がするりと消えていく……。それを思うと「島に定期航路がある」というありがたさが、身に染みる。

たとえ秘島まで辿りつけなくても、定期航路で「最寄」の有人島まで行ってみよう。定期航路で行けるところまで行ってみると、秘島がちょっぴり身近に感じられる。

たとえば、沖縄県の沖大東島（ラサ島）。最寄の有人島である南大東島へ行っても、まだ南へ約一五〇キロも離れている。もちろん、南大東島から沖大東島へ行く手段はない。それでも、南大東島に行ってみよう。南大東島から沖大東島を「眺めて」みよう。

といっても、その南大東島も、また遠い。沖縄本島から東へ約三五〇キロも離れている。ようやく南大東島に降り立ち、沖大東島のある南方に目を凝らしてみる。

もちろん、島影は、見えない。

茫洋とした海原だけが広がっている。でも……「何か」を感じる。沖大東島に広がる海の色は、きっと目の前に広がる海の色であろうことや、今いるところと同じような地形であろうということを。大東諸島（北大東、南大東、沖大東島）は、いずれもサンゴ礁の隆

南大東島（西港）

起でできた島。それゆえに、いずれも島の周囲の海はとても深くて、沖へ二キロも出れば、もう水深一〇〇〇メートルに達する。

南大東島の海を眺めていると、海の猛々しさを感じてしまう。岸にぶつかる波の音が、なんだか「深くて重い」。波というよりも、深い海の潮が、直接陸地にぶつかってくるかのよう。きっと沖大東島にも、同じような光景が広がっているのだろう。

大東諸島に限らない。たとえば、日本の最南端の沖ノ鳥島や最東端の南鳥島には行けなくとも、まずは最寄の有人島まで行ってみる。東京の竹芝桟橋から「おがさわら丸」に乗って、小笠原の父島へ行ってみる。二五時間半の長い航海に身をゆだね、リモート（遠隔）感にひたろう。

さらには、父島から定期航路「ははじま丸」に乗り込み、南の母島へ行ってみる。二時間ちょっと船に揺られて母島に着くと、「もうこの先には航路がない」という実感が込みあげてくる。母島の南の先には、遠くに硫黄諸島、さらに遠くには沖ノ鳥島、南鳥島がある。東京から二八時間ほどの船旅をつづけて、まだまだその先がある――という感慨がわいてくる。

あるいは、伊豆諸島の南端にある鳥島には行けなくても、伊豆諸島の有人最南端、青ヶ島に行ってみる。八丈島から船を乗り継いで青ヶ島にやっと辿りつく。もうその先に航路は、ない。でも、青ヶ島の南にはベヨネース列岩や須美寿島、そして鳥島、孀婦岩がある。もちろん、青ヶ島からは何も見えない。ただただ碧い海――。

左：青ヶ島　右：母島

時には、最寄の有人島から、秘島の島影を拝めることもある。

沖縄の久米島から約二五キロ離れた（久米）鳥島を遠望したり、渡名喜島から約四キロ離れた入砂島を眺めたり……。

あるいは、秘島の近くを航行する定期航路があれば、それに乗ってデッキから目を凝らそう。

このように、たとえ秘島に行けなくても、秘島の「近く」まで行ってみよう。

そこで、何を感じるか。

何が感じられるのか。

もしかすると、秘島に近づけば近づくほど、秘島の遠さを感じるのかもしれない。

遠さをアタマではなく、肌で感じる、ということ。なぜだろう。そのことが、わけもなく心地いい。

浜辺の漂着物をチェックする

どこでもいい。海に出かけたなら、浜辺を歩いて漂着物をチェックしよう。「秘島からの手紙」が流れ着いているかもしれない。

でも、大半はプラスチックやペットボトルなどのゴミ。そのラベルには、中国語やハングル文字が読み取れることもある。さらには、魚や小さなサメが波によって打ち上げられていたり、腐敗していたり。

自分自身、未だに浜辺で「手紙」を拾ったことはない。でも、どの浜辺にも「手紙」が漂着する可能性はある。ここでいう「手紙」とは、瓶に封じて海に流された手紙のこと。ボトルメール（メッセージ・イン・ア・ボトル、瓶詰の手紙）などと呼ばれるもの。見知らぬ遠くの誰かに想いを届けたいと、海に瓶を投げ入れる。いつどこに、誰に届くかは分からない。その内容は、失恋だったり、亡き人に宛てた手紙だったり……。

その中でも、秘島という観点からは、秘島から発せられた「SOSの手紙」を考えてみたい。絶海に浮かぶ秘島に漂着して、そこから脱出するため、あるいは自らの危機を知らせるために、「海に手紙を流す」というのは、よく行われてきた。その手紙が、長い長い時間を経て、どこかの浜辺にひっそりと今、漂着しているかもしれない。

瓶に託されたメッセージの歴史は、何世紀も前に遡る。有名なものには、一七八四年のマツヤマ・チュウノスケという船員によるものがあるそうだ。彼の乗った船がサンゴに座礁して難破し、やがて食料が底をついた。死ぬ前、彼は事故の顚末を木片に刻み、それを瓶に入れ、封をした。海に流されてから一五〇年過ぎたのちの、一九三五年にマツヤマの生まれ故郷である日本の小さな海辺の村に、打ち上げられたという（『メッセージ・イン・ア・ボトル』参照）。

英国・スコットランドにある孤島、セント・キルダ島の例も見てみよう。「この世の果て」と呼ばれた小さな島々は、断崖絶壁に囲まれており「秘島感」にあふれる。一九世紀後半になっても、島には通信手段も郵便もなかったため、「セント・キルダ・メールボート」が用いられた。それは、丸太をおもちゃの船のような形に彫って、その真ん中に穴を開け、小さな瓶や缶を詰めたもの。その中には、切手代や発見者への指示を書いた手紙が入れられていた（『英国セント・キルダ島の何も持たない生き方』参照）。

嵐によって農作物や住居に深刻な影響が出た際のSOSをこの「メールボート」に託した。島民によって流されたボートの三分の二は、スコットランドの西岸に漂着したが、中には隣国のノルウェーまで流されたものもあったという。

日本でも同様に、人知れず数々のボトルメールが海に流されてきたのだろう。戦時中、米軍機の攻撃を受けた疎開船が漂流し、尖閣諸島の魚釣島に上陸した乗船者は、通信手段がなかったため、四五日間も救助が来ずに、飢餓に苦しんだ（尖閣諸島戦時遭難事件）。体験者の手記によると、助けを求めるために、ボトルメールを海に放ったという。

「一升ビンに手紙を入れて、浜に流したりもしましたがもうだめだろうとあきらめていました」（「遭難者体験記」『沈黙の叫び』）。

また、手紙を瓶に入れるのではなく、鳥に括りつけたこともあった。江戸時代、無人の鳥島に漂着し、一二年ぶりに生還した船乗りの物語である『漂流』（吉村昭）には、アホウドリの首にSOSの木札を括りつける話が出てくる。アホウドリは渡り鳥のため、五月には北に向けて飛び立つ。北の住人がその木札を見つけて、返事を再びアホウドリに括りつけてもらう。そうして、また秋になればアホウドリが鳥島に戻ってきて、漂着者は返事を読むことができるという算段だった。

一〇〇羽のアホウドリに木札が括りつけられた（実際には四〇羽ほどが放たれ、木札は足や羽に結いつけられたという。『鳥島漂着物語』参照）。しかし、その秋に戻ってきたアホウドリには、木札をぶら下げた鳥は一羽も発見できなかった。失敗に終わった原因は明らかではないが、「鳥にとって海を渡って飛んでゆくことは難業であり、首に垂れさがった木札は想像以上の負担を鳥たちにあたえたにちがいない。そのため百羽の鳥は、木札をぶらさげたまま一羽も残らず力つきて海に落ちたのではないか」（『漂流』）と、漂着者たちは失敗の原因を想像する。

近くの海でもいい。海に着いたら、下を向いて歩こう。

海に行くと解放感からか、子どものように駆け出したくなる。広い空の下、遠くの景色ばかりを眺めてしまう。でも、何十年、もしかすると何百年も海を漂った手紙の「第一発見者」になる可能性は、誰にでも開かれている。浜辺の足元に。

左頁：浜辺の椰子の実

マイナー航路に乗って絶海を感じる

鹿児島港から十島丸に乗ると、もう船は島と同じである。

（「家族」『トカラ　海と人と』）

離島へ向かう船に乗ろう。そう、船にはもう島の空気が流れている。船には買い物や通院帰りの島の人、帰郷の人たちが乗っている。「これから島に戻る」という安堵感が船には漂っている。もしかすると、島に向かう船に乗ることそのものが、いちばんの島旅なのかもしれない。

秘島への想像を巡らすには、できるだけ小さな島への航路がいい。絶海を身近に感じられるかもしれない。秘島に人が暮らしていた頃の航路を想像できるかもしれない。船が港を離れれば、もうあとは体をゆだねればいい。時間が経てば、島へと連れていってくれる……。

が、時として油断はできない。小さな船のマイナー航路であったり、距離が長ければ長いほど、船酔いが不意に襲ってくるかもしれない。

沖縄県石垣島から波照間島へ船で渡ったときのこと。

たった六〇分ほどの航海ということもあり、油断していた。その日は少し波が高く、船が沖へ進むにつれて、激しい揺れがはじまった。タテにヨコに、揺れつづける。波しぶきが、ガラス窓に激しく叩きつける。肘掛けを握る手にも、ついつい力が入る。

やがて、船内客の会話もぴたりと止んだ。それがまた緊張感を生む。みんな想像以上の揺れを感じているのか……と。一向に揺れが収まらない。いや、どんどんヒドくなるように思える。酔い止め薬の準備もしていなかったので、とにかく酔うことを考えないように集中する。

でも、その日はダメだった。「マズい」「ムリかも」の二言ばかりが、頭に浮かんでくる。何かの拍子にアレが込みあげそうになる。何度も何度も時計を確認するが、全然時間が進んでいない。

もう、自分の〝ダム〟は決壊する……。

その直前に、辛くも島の大地を踏みしめることができた。

と、時にはこんなハプニングもあるが、秘島を身近に感じるためにも、各地のマイナー航路の旅をつづけよう。

たとえば、八丈島から青ヶ島に向かう「あおがしま丸」も愉しい。東京から八丈島まで一晩フェリーに揺られて、八丈島からまた船に乗り込む。この「先へ」「奥へ」と進んでいく愉しさ。分け入っても分け入っても青い海、だ。

冒頭に引用した、鹿児島県トカラ列島に向かう村営の「フェリーとしま」(かつての十島丸)も愉しい。鈍行列車の旅のような、「各駅停車の魅力」がある。鹿児島港を二三時に出航し、明け方から口之島、中之島、諏訪之瀬島、平島……と、小さな島々に寄港していく。最後の宝島まで全七島に寄港し、最終的には奄美大島（名瀬港）に辿りつく。全航程は一五時間以上にもなる。船はまた折り返して鹿児島に向かうが、奄美大島発が午前三時（！）に設定されているので、ワイルドで愉しい。折り返し便を利用した際は、早々二一時頃に乗船したが、船室はもう消灯されていて、午前三時の出航を待たずして就寝できるようになっている。

長距離航路ということであれば、やはり東京（竹芝）から小笠原（父島）へ向かう「おがさわら丸」は、二五時間半という長距離航路なので愉しい。空路のない小笠原への唯一のアクセスで、月に五〜七便ほどしか運航されない。秘島の遠さを感じさせてくれる、貴重な航路だ。見知らぬ者同士で二五時間以上も同じ船に揺られていると、たとえ言葉を交わさなくても、船内の客同士に連帯感のようなものが生まれてくる。

航行距離でいうと、沖縄県那覇から北大東島・南大東島に向かう貨客船「だいとう」も気になるところ。月に五〜六便ほどしかなく、約一五時間の絶海航路。島に上陸する際はタラップではなく、籠のようなゴンドラに乗り、クレーンで引き上げられて降ろされるのが名物にもなっている。

これらはほんの一例で、まだまだ各地には魅力的な「マイナー航路」がある。毎日運航されるとは限らない船旅は、列車や飛行機に比べると、すごく使い勝手が悪いように思える。でも裏を返せば、それだけ一便一便が貴重ということ。なんとか日程をやりくりして、船に体を放り込もう。そうすれば、もうそこは「島」なのだから。

久米島行き航路

臨時運航船をチェックする

——「おがさわら丸」硫黄三島クルーズ

たとえ秘島に上陸できなくても、せめてこの目で眺めたい——。

「行けない島」への残されたアクセスは、クルーズ船になるだろう。昨今、お金と時間に余裕のある層に向けて、クルーズ船による観光ツアーが一般化してきている。「飛鳥Ⅱ」「ぱしふぃっくびいなす」「にっぽん丸」……。それらのクルーズツアーで、鳥島や孀婦岩、硫黄島、沖ノ鳥島、南鳥島などを周遊するものもある。もちろん、これらの島への寄港・上陸ではなく、周遊のみだが、それでも充分。乗ってみたい。

クルーズ船は、船室のグレードによってもツアー料金は異なるが、海外ツアー旅行に行くことを考えると、下のグレードであれば比較的身近な料金設定なのかもしれない。豪華な食事がすべて含まれていることを考えると、一度は乗ってみたいもの。

それでも……懐の余裕がない自分としては、もっとカジュアルに旅をしたい。

そこでオススメなのは、「おがさわら丸」で行く「硫黄三島クルーズ」。

これは、小笠原の定期航路「おがさわら丸」が小笠原（父島）係留の時間（復路出航まで）を使って、硫黄諸島（北硫黄島、硫黄島、南硫黄島）を周遊してくれるツアー。今のところ、夏に年一度だけ実施されている。

左：硫黄島沖　右：南硫黄島沖

自分も参加した、二〇一四年七月八日に実施されたツアー航程を見てみよう。

19：00小笠原・父島発↓（約333km）
↓6：00南硫黄島（島を2周）↓（約56km）
↓9：00硫黄島（1周）↓（約65km）
↓12：10北硫黄島（2周）↓（約228km）
↓19：00父島着

という、二四時間のツアー。東京と父島までの往復は五一時間もかかることを考えると、計七五時間「おがさわら丸」に乗船する長旅となる。でも、これが愉しい。しかも、二〇一四年のツアーでは東京発の全航程料金が七万円台という、クルーズ旅行としては破格の料金設定。もちろん、周遊するのは定期航路用の「おがさわら丸」なので、豪華客船のクルーズといった優雅さはないが、東京から父島へ寄港した際に乗船客は半減するので、その先の旅は船内でゆったりとくつろげる。二〇一四年のツアーは、最少催行人数が八〇人で、参加者は一三五人だったそうだ。ツアーの三島周遊中も、レストランは通常営業してくれるので、頼もしい。

また、父島からは島ガイドのスタッフが乗り込んで、島に着くまでの時間は、船内で事前レクチャーや写真展が催され、島への興味を掻き立ててくれる。島の周遊中には、硫黄三島の歴史や自然、海鳥のことをデッキでレクチャーしてくれる。ガイドの方々は、研究員として硫黄諸島に上陸した経験など専門性を持つ方々なので、興味は尽きない。

そんな硫黄三島クルーズに参加しているのは、バードウォッチャーが多数を占めていた。ツアー客のおよそ半数くらいだろうか、機関銃のような長い望遠レンズで海鳥を追う。船のデッキで双眼鏡を用いて目を凝らしながら、撮影をつづける。なんでも、これらの島でしか見られない貴重な海鳥が棲息しているとのこと。

ツアー客を率いる「海鳥ガイド役」の方もいて、島の周囲にいる海鳥に目を凝らしている。そうして、貴重な海鳥を双眼鏡で見つけると、デッキのみんなに声を張って知らせる。「シロハラっ、三時っ!」といった具合に(シロハラミズナギドリが船の進行に対して三時の方向にいるよ、の意)。海鳥の動きは速いので、みな一斉に望遠レンズを向ける。船に揺られながら、素早く動き回る小さな被写体をとらえるのは、瞬発力と持久力がいる……と実感する。

その他のツアー客は、島好き、島旅好きの方々。「まだ見たことのない島に行きたい」「普段行けないところに行きたい」といった、いわば「秘島マニア」の方々だろう。

「おがさわら丸」が父島を出航し、母島を通り過ぎると、以南はもう定期航路が一切存在しない海域。そこに踏み出すスリリングな感慨。

夜が明けると、遠くに小さな島影が見えてくる。南硫黄島、だ。

何もない水平線に、ぽこっと突き出た島影はなんだか愛らしい。でも、船が徐々に島に近づいていくと、島の断崖の迫力に圧倒される。硫黄諸島の中でも南硫黄島はとくに四方を断崖に囲まれているので、人を寄せつけない厳しさを感じさせる。島の三六〇度、どこにも容易に上陸できそうな〝スキ〟がない。

「おがさわら丸」は、ゆっくりゆっくりと島を周遊する。その間、島を眺める角度がどんどん変わり、島の「表情」も変化していく——。人が住んだことのない南硫黄島、かつては島民がいた硫黄島、北硫黄島。それぞれの島を眺めながら、島の歴史をあれこれと船上で想像する。その時間が何より愉しい。たとえば、かつて北硫黄島にあった小学校（石野村）の位置を、周遊中に船内アナウンスで知らせてくれる。もちろん、鬱蒼とした緑とおよその地形しか見えないけれど、どんな学校だったのか、どんな暮らしだったのかと、興味が掻き立てられる。

途中の硫黄島では、長い汽笛とともに全員で黙とうを捧げた。あの激戦から、もう七〇年が経つ。七月の硫黄島には、くらくらするほどの強い陽射しが降りそそいでいる。

それにしても、船の長い汽笛は、なぜこんなにも淋しげなのだろう。まるで船が島への感情を内に秘めているかのようだ。

次頁写真：南硫黄島

このように、たとえ島に上陸できなくても、周遊クルーズは興味深い。とくに「おがさわら丸」が関わるツアーは、マニアック感あり、野趣あふれる趣向ありで、なんだか気になるところ。硫黄三島クルーズの他にも、過去には伊豆鳥島クルーズ、西之島クルーズが、いずれも破格で実施されてきた。毎年恒例で実施されるわけではないということを考えると、臨時運航船のチェックは欠かせない。「行けるときには行く」「行きたいときには行く」というスタンスが大事に思えてくる。

活発な噴火がつづいたために実施はされなかったが、二〇一四年六月には、小笠原・西之島視察会も「おがさわら丸」で予定されていた。小笠原村主催の小笠原村民限定のツアーではあったが、「おがさわら丸」からは、どんなアッというクルーズ企画が出てくるか分からない。

二〇一五年度中には南鳥島の港湾工事、二〇一六年度中には沖ノ鳥島の港湾工事が完成するといわれているから、もしかすると日本最東端・最南端の上陸ツアーがいずれ実施される日が来るかもしれない。

これからも臨時運航船のチェックをつづけよう。たとえ豪華客船のクルーズ旅行には手を出しにくくても、僕らを秘島へと誘う「廉価クルーズ」を見つけたい。

Google Earthでバーチャル上陸を試みる

飛行機が目的地へと高度を下げる。もうすぐ空港。

そのときの昂ぶる気持ちは心地いい。

「秘島旅」でも、それは味わえる。家の中で、二次元で——。

そう、Google Earthで「秘島旅」をしよう。

Google Earthの面白さは、地球儀をくるくる回すようにして、あっという間に目的地の画像を見つけられること。ぐんぐん降下（拡大）して、飛行機で着陸するかのように目的地に辿りつけること。

本書で取り上げた秘島をGoogle Earthで旅してみよう。

島によっては画像の解像度が粗かったり、衛星写真に雲がかかっていたりすることもあるが、印象的なものを見てみたい（閲覧は二〇一五年五月時点のもの）。

・北方四島
北海道と比較してみると面白い。北方四島は緑地が濃いことが一目で分かる。そして街も道も北海道のように、「くっきり」していない。人口密度の差もあるだろうが、人の手が加えられていない自然の魅力が、二次元でも伝わってくる。自然のままの海岸線が美しい。とくに歯舞群島は、人口が少ないためか、コンクリートといった人工物の影が薄くて「秘島感」が漂っている。

北方四島から、北海道、そして東北を通って、関東圏まで Google Earth でなぞってみよう。人工物がどんどん色濃くなっていく。あちらこちらに立派な道があって、海岸線には立派な港や堤防、消波ブロックもたくさんある。まるで人工物の「海」だ。

ついつい考えさせられてしまう。つくられるもの、失われるもの……。

・八丈小島、(伊豆) 鳥島

両島とも画像がキレイで、迫力あり。八丈小島は、かつての集落に通じる道がはっきりと見える。北側の桟橋跡から、道が旧鳥打集落につづいている。もうひとつの集落、旧宇津木集落への道も南側の磯から東海岸沿いにのびている。旧宇津木小中学校の跡地である、長方形の空き地スペースまで確認できる。

鳥島では、島の西部にあった中央気象台鳥島測候所の建物跡(一九六五年閉鎖)が、くっきり写っている。

また、江戸時代の漂流者はどこに漂着・上陸し、どこの洞窟で暮らしたのか……などと、想像して眺めてみるのも愉しい。多くの漂流者たちが暮らした洞窟群は、北側の船見岬付近にあったという(『世界を見てしまった男たち』、『鳥島漂着物語』参照)。

鳥島では一九〇二年八月に大噴火が起きて、当時玉置村があった北部の千歳浦一帯は、噴石と岩石の崩壊によって、一瞬にして埋没した(島民一二五名全員が死亡)。その北部一帯を画像で見てみると、今もその周辺は緑も少なく、溶岩の跡が見て取れる。

・馬毛島、入砂島

この両島こそ、衛星写真で島を真上から眺められる面白さ。馬毛島は、「滑走路」建設が急ピッチで行われているようだが、実際に種子島行きのフェリーから馬毛島を眺めてみても、平べったい島なので、なかなか島の内部がどうなっているのかが分からない。ところが衛星写真で真上から眺めてみると、島の開発で森林が大きく伐採されていることが分かる。島の開発で棲息地を追われているマゲシカの嘆きが聞こえてくる……。そんな気持ちになる。

入砂島も同じく、渡名喜島と久米島を結ぶフェリーから眺めると、緑に囲まれた「普通の島」に見える。でも、衛星写真からは、表土が赤茶けていて荒れているように見える。ところどころ、大地が削られたように白っぽくなっている箇所もある。在日米軍の射爆撃場として用いられているため、先述のようにかつての島の面影が大きく失われつつあるのではないか……。

・沖大東島

秘島の中でも、最も近づきにくい島のひとつ。ラサ工業の私有地で、現在は入砂島と同じく米軍の射爆撃場となっている。

衛星写真を見る限り、なんとも緑が少ない島だ。リン鉱石採掘のせいなのか、射爆撃場になってしまったせいなのか……。

そして、島の東側に、何やら縞模様のバツ印のような人工物が、島に三つ張りついているのが見える。無人の島の、この人工物はいったい何なのか。画像を見る限り、比較的新しいものに見える。

おそらくは、米海軍による設置物なのであろう。バツ印ということは、もしかしたら射爆撃場としての「的《まと》」を設置しているのかもしれない。

念のため、島の所有者であるラサ工業に問い合わせてみた。

「バツを描いたような写真の物件ですがネット上で観たことはありますが、当社では把握しておりません」との回答。しかし、ラサ工業が把握していないということは、画像の人工物は、ほぼ間違いなく米海軍によるものだろう。いやはや、気になるところ。

Google Earth だけでなく、国土地理院の「電子国土Ｗｅｂ」も使いやすい。

Google Earth と似たような地球儀的感覚で、目的地にヒョイとマウスを動かして、ぐんぐん拡大することができる。ただし、「電子国土Ｗｅｂ」は衛星写真ではなくて国土地理院の地図が出てくる（「地図・空中写真閲覧サービス」を使えば、一部は上空撮影写真も出てくる）。

地図画面の右上に機能ボタンがあるが、これをクリック（ツール↓計測ボタン）すると、おおよその面積と距離が計測できる。とくに秘島を調べる場合、「この島はあの島と直線距離でどれくらい離れているのか」ということを、あっという間に調べることができて、とっても便利。この計測数値からも、秘島のリモート（遠隔）感を味わえる。

Google Earthで秘島画像を眺めた後は、このように地図サイトを用いて秘島地図をチェックしよう。地図には等高線が書き込まれているので、島の三次元を仔細に想像することができる。

たとえば、北方領土の歯舞群島と東京都の南硫黄島の地図を見比べてみる。前者は、等高線がほとんどなくて、平べったい島々だと一目で分かる。いっぽう後者は、等高線がびっしりと狭い間隔で並んでいるので、相当急峻な地形だと分かる。どこにも平地がないじゃないか……、と。

さらに、同じく等高線がびっしり詰まっている北硫黄島も「電子国土Ｗｅｂ」で見てみよう。南硫黄島と同様に平地は限りなく少ないが、等高線を見ると、かろうじて平坦な場所がある。かつて集落があったのは、やっぱりその「貴重な平坦地」だった。地図にも旧集落である石野村と西村の両村名が記されているので、すぐ分かる。

なんだか、二次元の旅の興味も尽きない。

Google Earthと地図サイトを併用して、バーチャル「秘島旅」を愉しもう。

島に流れた汗を想像する

秘島を調べていると、明治から昭和初期にかけて、多くの島では資源が急ピッチで採り尽くされていたことが見えてくる。アホウドリやリン鉱石……。

「人の居住しにくい無人島ほど、鳥類にとっては天国の地」だからこそ、アホウドリが繁殖し、その糞が堆積してリン鉱石になった。いうなれば、人が近づきにくい秘島ゆえの豊潤さを人がごっそり持っていった、ということ。

でも、ここで「金に目がくらみやがって」と捉えるわけにもいかない。膨大な利益を得たのは、ほんの一握りの「支配者（実業家、雇い主）」であって、その下で働く労働者の多くは、島で暮らす苦労と過重な労働を課せられたからだ。秘島を思うとき、「支配者」の下でこき使われた「汗と涙の歴史」を忘れてはならないと思う。

明治の初期、一八八〇年代から日本では急速に「南進論」が台頭する。ロシアが立ちはだかる北方と違って、南の広い太平洋には進出の可能性がまだまだあると考えられていた。その一環として、鳥島、南鳥島、沖大東島などに実業家が乗り出して、開拓がはじめられる。そうして、羽毛採取のためのアホウドリ撲殺や、化学肥料のためのリン鉱石採掘がどんどん進められていく。

島の開拓といえば聞こえはいいが、その大半は出稼ぎ労働者や小作人たちだ。しかも、

「支配者」である実業家たちは、好条件で国から土地の借用や払い下げを目論むため、対外的には「移住民」という言葉を使用している。つまり、実業家たちは「島で多くの人が開拓に加わり、末永く働いて暮らせることを支援しています」という外部へのポーズを取りつつ、労働者（出稼ぎ労働者、小作人）からは「搾り取る」というシステムだ。

実際に実業家は「官庁への借地許可の申請は、長年の開拓継続を装う必要があった」（『アホウドリと「帝国」日本の拡大』）という。そんな実業家の「二枚舌」に翻弄される労働者側にとっては、秘島は南海の楽園でもなんでもなく、多くは劣悪な労働環境だった。それでも、労働者が秘島に引き寄せられたのは、貧しい農民や漁民が現金収入を欲していたため。あるいは、南北大東島の小作人などの場合は、いずれ土地が労働者側にも払い下げられ、自分の土地を持てるという夢があったからだ（実際に、開墾地は三〇年を経ると開墾者の所有になるという口約束があったが、やがて反故にされた）。

鳥島のアホウドリ撲殺事業を行った玉置半右衛門は、一八九六年に全国の長者番付に名を連ねたというが、裏を返せば、いかに鳥島の資源を労働者を酷使して「搾り取ったか」ということを表している。そう、「アホウドリ撲殺事業を牧畜等の名目でカモフラージュしながら捕鳥によって利益を上げ、さらに出稼ぎ労働者を移住民とすることによって官有地の払い下げを有利にし、島を所有する方法であった」（同）のだ。

そうして島の支配構造はつくられ、やがてその構造が拡大して強固なものになっていく。アホウドリの数は減少し、新たなビジネスであるリン鉱石の採掘などが進んでいくと、今まで以上に多くの労働者、汽船、島のインフラ（レールや桟橋）が必要になり、大資本が必要となってくる。島の支配はやがて当初の個人的な企業から大企業へと移っていく。そうして搾取の構造はシステム化されていく。

たとえば、リン鉱石やサトウキビ事業などで開拓が進んだ南北大東島では、労賃は会社が発行する金券で支払われ、島内の流通、消費までもが会社に支配されていた。「島の出入りは会社発行の証明書を必要とし、労働力の流入流出を会社がチェックするという閉ざされた社会を堅持し、関係者（労働者）以外の来島はほとんど認められなかった」（『離島研究Ⅱ』）とある。いうなれば、国家の中の「会社国家」だ。秘島という閉ざされた空間、隔絶性が、特定の資本によって支配され、利用されていたといえる（南北大東島は、この構造が終戦前までつづけられた）。四方を海に囲まれた島。当時は、一種の「逃げられない檻」と感じていた労働者もいたのではないか。

南北大東島と同様に、戦前の硫黄諸島（北硫黄島、硫黄島）も、硫黄採取やサトウキビ栽培など、硫黄島産業株式会社の下で働く小作人が大半だった。ただし、硫黄諸島の場合は、自給自足用の作物もつくられていたため、島民は資本の支配下にありつつも、比較的「自由」は残されていたという（『〈群島〉の歴史社会学』参照）。

また、支配のシステム化は内部構造のヒエラルキーも生む。南北大東島で見てみると、会社社員を頂点に親方、仲間という三階層から構成されていたという（『離島研究Ⅱ』参照）。つまり、会社の管理者層、小作権を持つ者、契約期間のある出稼ぎ労働者の順に序列があった。さらには、南北大東島はもともと無人島であったため、開拓でやってきた者の出身地（八丈島か沖縄）によっても区別があったというから、隔絶された空間がいかに

左：リン鉱石貯蔵庫跡（北大東島）　右：サトウキビ畑（南大東島）

息苦しかったことか……。

同じくリン鉱石採掘の沖大東島でも、会社所長、社員、監督組長、組頭、鉱夫の順に序列があり、出身地の違いによる差別もあった（『離島研究Ⅳ』参照）。

これらのことを考えると、秘島の歴史を思うときに大切なのは、島で「使われる側の人々」「搾取される側の人々」を思い起こすことなのだろう。そんな島民の日々の格闘は、いかなるものであったのか、と。無人島の開拓の現実は、華々しいものでも楽園的でもなかった。もちろん現金収入に救われた労働者もいるだろう。

その一方で、資本家に翻弄され、絶海の孤島に「閉じ込められ」、過酷な環境と労働に向き合いつづけた先人たちの汗、涙もあるのだろう。

かつての労働者の悲喜こもごもに思いを馳せたい。

島の「孤絶」を味わってみる

――漂泊の俳人、尾崎放哉を読む

友の夏帽が新らしい海に行かうか　（「何もない部屋」『尾崎放哉全句集』）

咳をしても一人　（「野菜根抄」同）

種田山頭火と尾崎放哉は、「漂泊の俳人」と呼ばれる。両者はともに、季語や五・七・五という俳句の約束事を無視して、自身のリズム感を重んじる「自由律俳句」を詠んだ。中でも、海と島を愛した尾崎放哉（一八八五―一九二六）は、作品や生き方からひしひしと秘島を感じさせる俳人だ。まるで、「海で漂流し、無人島に漂着して息絶える」といった生涯を感じさせるような、流浪、孤絶の人生だった。尾崎放哉を知ることは、海に囲まれた孤絶、「秘島的人生」を疑似体験することなのではないか。

そんな尾崎放哉の生涯を概観してみよう。一四歳頃からはじめた俳句は、一生涯つづけられたが、社会に出てからの放哉の人生は波瀾万丈だ。

東京帝国大学法学部を卒業した放哉は、サラリーマンとなる。通信社を経て保険会社に就職、二六歳で結婚と、順風満帆の人生のように映る。でも、会社での人間関係になじめず、酒での失敗を繰り返すようになる。

ついに三六歳で会社を退職。三七歳で再度新たな保険会社の支配人に就任するが、三八歳で社長から解雇を命ぜられる。事前に誓約させられていた禁酒が守れなかったことが理由らしい。こうして妻とも別居し、いよいよ流浪の人生が本格的に幕を開ける。

当時の帝大卒であるから、相当なプライドと、思うようにならない人生へのコンプレックスが入り混じっていたのだろう。このある種のダメっぷりは、今日にも通じる「人間味」を感じさせるので、なんだか親近感がわいてくる。

以後も何かと酒のトラブルは絶えなかったが、京都の修行場、一燈園に入り、托鉢や労働奉仕、読経の日々を送る。三九歳になると、神戸の須磨寺大師堂に移り、四〇歳では最後の地となる香川県小豆島にある西光寺奥之院南郷庵に入る。四一歳で死を迎えるまでの八か月は、孤独のみならず、貧窮と病との闘いでもあり、壮絶だ。

小豆島で最晩年に書かれた「入庵雑記」(『尾崎放哉全句集』)を見てみたい。

「私は性来、殊の外海が好きでありまして、海を見て居るか、波音を聞いて居ると、大抵な胸の中のイザコザは消えて無くなつてしまふのです」

と、最後まで海を愛した放哉の姿が浮かんでくる。

「只、わけなしに海が好きなのです。つまり私は、人の慈愛……と云ふものに飢え、渇して居る人間なのでありませう。処がです、此の、個人主義の、この戦闘の世の中に於て、どこに人の慈愛が求められませうか、中々それは出来にくい事であります。そこで、勢之れを自然に求める事になつて来ます」

とも記されている。人間関係の煩わしさを嫌い、流浪の果てに隠遁に生きた放哉。貧窮と病と闘いながら。そんな孤絶と向き合いながらも、放哉は人を求める気持ちを強く持ちつづける。人の温もりを海の大らかさに重ね合わせながら。

これは、かつて期せずして漂流し、無人島に漂着した先人たちの思いと通ずるものがあるのかもしれない。誰もいない島。助けも来ない島。孤絶であればあるほど、絆や希望を求める気持ちが強くなる。その思いだけが、自らの命をつなぎとめていく。漂着者も放哉のように、強烈な淋しさを感じつつも、淋しさの中に温もりを見つけ出す力が、宿っていたのではないか。孤絶であっても、海や夕陽を眺めて希望を抱きつづけてきたのではないか。そうして希望の灯を消さなかった者だけが、無人島からの奇跡的な生還につながったのではないか。

冒頭の句、「咳をしても一人」は放哉自身の孤独を強調しているのではなく、『「一人咳して』いたことに気づいてくれる誰かを強く求めてのつぶやき」(『「一人」のうらに』)なのだと分かる。

放哉の生き方は、今の僕らにもメッセージを突きつけてくる。職とお金を失い、家族を失って、生涯を閉じた放哉。今日においても、誰だって何らかの喪失からは逃れられない。でも、すべてを失っても最後まで残るのは、「人を求める気持ち」なのか、と。

僕らが秘島の歴史や、放哉に惹かれるのはなぜだろう。

孤絶に置かれた人間がいかに生き、一見絶望的に思える状況の中で、いかに「生きる温もり」を見出したのか。その問いが、人を突き動かす。

左頁：東大法文1号館

ネズミと島の関係を考える

無人化した島は、歳月とともに元の自然の姿に戻っていく――。とは、残念ながらいかない。

人が去ってしまった島に残された問題とは、何だろう。それは、人間が島に持ち込んだり、物資に紛れ込んでしまった動物が、人がいなくなった後に大繁殖して、生態系を壊してしまうこと。これは、日本のみならず世界各地でも問題になっている。

『ねずみに支配された島』によると、地球上で島が陸地に占める面積は五パーセントにすぎないものの、固有の動物の絶滅の大半は島で起きているという。つまり、大海に囲まれた島は、外敵を寄せつけないパラダイスとなって生物の進化を支えるが、いったんそこに外敵（侵入種）が入り込むと、逃げ場のない「檻」と化してしまう。島固有の無防備な鳥やトカゲなどにとっては、その種が絶滅するまで外敵に追われる運命にあるという。

といっても、その外敵というのは、人間が島に上陸したり人が暮らした際に持ち込んだ、ヤギ、ネコ、イタチ、ブタ、ウサギなど、大半は小動物。あるいは、知らず知らずのうちに紛れ込んだネズミ。国内でも無人化した島に、かつての家畜のヤギなどが大繁殖してしまうニュースは、時おり耳にする。なんだか牧歌的な話のように聞こえるが、島固有の生物にとっては深刻な問題だ。

外敵の中でも、いちばんやっかいなのは、ネズミ。

旺盛な食欲や繁殖力、賢さ、慎重さゆえに、人間が上陸した島に、次々と紛れ込んで、海鳥などを襲っていく。人間の仕掛けた罠も見破ってしまう。たとえ罠にかかったとしても、その「危険情報」は仲間の情報ネットワークで共有され、すぐに罠の効果がなくなってしまうという。さらには、ネズミを退治するために持ち込まれたネコやイタチまでもが繁殖して、固有種を襲っていくという悪循環……。

たとえば、ニュージーランドではネズミをはじめとする外来種によって、すでに固有種の半分を喪失してしまっているという。ニュージーランド固有の飛べない鳥、カカポやキーウィなども絶滅危惧種で個体数を減らしている。もともとは天敵がいないために、羽が退化したのに、外敵が持ち込まれてしまえば、逃げるための羽がない……。

ネズミにヤラれる側、襲われる側の気持ちって、一体どのようなものだろう。

大阪市にある天王寺動物園に行ってみた。

ここは全国で唯一、ニュージーランドのキーウィが飼育されている動物園。最寄の天王寺駅を出ると、すぐにもう動物園の入り口がある。二〇一五年、めでたく開園一〇〇周年を迎えたが、赤字は半世紀以上もつづいているという。

さて、夜行性動物舎に入って、キーウィを探す。

何もいない。と、思ったら、木の下の小さな洞で、丸まって眠っている。長いくちばしが、ちらりと見える。モコモコした毛の塊が丸まっているだけで、キーウィなのか何なのか、よく分からない。他の動物を観察して、何度もキーウィの舎に戻ったが、丸まったまま、ずっと眠っている。

キーウィの気持ちになってみると、棲みかであるこんな小さな洞に集団のネズミが襲ってきたら、たまったものじゃないだろう。雛や卵が襲われ、成鳥だって眠っているときに首に嚙みつかれたら……。今までは天敵がいなかったので、無防備に寝ていられた。それなのに急に襲われる立場になってしまう。

きっとキーウィは、やりきれない気持ちだろう。

さて。日本の秘島はどうだろう。

ネズミが集団となって、植物や農作物を荒らす被害は各島で報告されている。竹の実、芋畑、アワ……そして、最後は家屋に侵入して食糧をかすめとる。無人となる前の鹿児島県臥蛇島でも、ネズミは台風と同様の脅威として、恐れられていた。「そいつ〔野ネズミ〕は主要作物である麦と甘藷に大害をあたえる。私はこの島に適していると思われる作物を色色数えあげてみたが、人々の話ではことごとく台風とねずみによって完全にだめという結論になるのだった」（「びろう樹の下の死時計」『工作者宣言』）。

また、北海道南部にある日本最大の無人島、渡島大島では、かつて羽毛採取のためにオオミズナギドリが乱獲された。明治後期の一九〇五年から一九〇九年までには、二二万羽が捕獲されたという。

その際、人間が持ち込んだネズミやウサギが繁殖し、オオミズナギドリは急速に棲息数を減らしてしまった。そして、現在に至ってもネズミやウサギがいるために、個体数の増加傾向は見られないという。

さらには、世界遺産の小笠原の父島・母島でも、ネズミによる生態系への深刻な影響が報告されていたりと、ネズミの脅威は至るところで見られる。

何よりネズミが脅威なのは、文字通りネズミ算的に大繁殖してしまうこと。大群になってしまうこと。

まさに、ネズミの大群がまき起こす大恐慌を描いた、開高健の『パニック』の世界だ。

ネズミの大群は、なんと、海をも渡るそうだ。

一九六〇年代の鹿児島県トカラ列島の悪石島ドキュメント、『美女とネズミと神々の島』を読むと、ネズミが群れをなして海を渡っていた光景が描かれている。

夏の夜のこと。

諏訪之瀬島から悪石島へ漁船を走らせていると、「船べりにびしょぬれの小動物が二、三十匹。らんらんと目を光らせながらすがりついてくる。みんな大きさはネコくらい。ハゲ頭の指揮官らしいのが、まずぶるるっと水気をふりはらうと、ギャオーッとないた」。

その小動物はネズミ、だった。船に積んでいたイモ袋に殺到し、袋を嚙みやぶると、がりがり食べはじめた、とある。

竹ザオの先に炎を焚いて追い払ったが、海面には数百匹のネズミがひしめきあい、うめき声のような鳴き声をけたたましく発していたという。

夜の海面を覆い尽くすネズミ。想像しただけでも怖ろしい……。

その後、ネズミの大群は悪石島に上陸しようとしたため、島民は総出で海岸に火を焚き、カネやタイコを騒々しく鳴らして、ネズミの上陸を阻止したという。


東京都の北硫黄島を見てみよう。この島は先述の通り、二〇〇人以上の人口を数えたこともあったが、戦後はずっと無人島になっている。島に人がいなくなって、もう七〇年ほどになる。すっかり、元の自然のままの姿に戻りつつあると思いきや、やはり最近の上陸調査によると、人間が持ち込んでしまったネズミが繁殖しているようだ。そのネズミが海鳥など固有の生物をどれだけ脅かしているのかは、まだ調査が進んでいない。ネズミは絶海の孤島であろうが、一度上陸してしまったら、人間による強引な掃討作戦でも展開しない限り、死に絶えることはないそうだ。いやはや。

一方、未だかつて人が住んだことのない南硫黄島には、ネズミの痕跡はまだ見られていない。これまでの漂流者とともにネズミが紛れ込むこともなく、未だ上陸を許していない。絶海ゆえに、ネズミが海を渡ってくることもなかったのだろう。

もう世界中を探してもネズミの息がかかっていない島は、ほとんど残されていない。

そのことを考えると、南硫黄島はなんとも貴重な島だ。

秘島の観点で島を眺めてみる

日本最南端の有人島、波照間島。

島の海岸から北西に目を凝らしてみると、細長い小さな島がポツンと浮かんでいる。それは、波照間島から約二五キロの沖合にある無人島、仲ノ御神島《なかのうがんじま》（中御神島、仲ノ神島などとも表記される）。西表島の南西、波照間島の北西に位置するというリモート（遠隔）感、哀愁漂う島の小ささ（〇・一八平方キロ）を考えると、なんとも秘島だ。

まだ二〇代だった遠い日の夏休み——。

西表島に長期滞在して、ダイビング合宿をしていた。そのとき、仲ノ御神島で、タンクを背負って何度も潜った。水中で印象的だったのは、イソマグロの大群。まるで水族館並みの密度で、目の前をイソマグロがぐるぐると回遊していた。ゆうに一メートルはある大きさ、きらきら光る丸々とした銀のボディ、まん丸の大きな目……。流れが強い水中で、岩場に張りつきながら、そんな夢のような光景をじっと眺めていた。

でもその頃は、海の中ばかりに目が向いていて、仲ノ御神島そのものには全然関心を払わなかった。今から思えば、もったいない。

あれから二〇年が経った今、あらためて波照間島から仲ノ御神島を眺めていると、秘島としての興味がむくむくとわいてくる。

仲ノ御神島は、海鳥（カツオドリ、セグロアジサシなど）の繁殖地になっていて、一九八一年に国指定鳥獣保護区に指定された。このため、今は学術調査以外の上陸は禁止されている。

仲ノ御神島を秘島の観点で見てみよう。

鳥の繁殖地、無人の島——。

やはりというべきか、かつては鳥を狙って、この島も荒らされた歴史があることが見えてくる。それを率いたのは、尖閣諸島の頁で述べた、実業家の古賀辰四郎。彼は鳥を求めて、尖閣諸島のみならず、この仲ノ御神島にまで手を伸ばしていた。

一九〇六年、古賀は仲ノ御神島で鳥類の捕獲を開始。目当ては羽毛や鳥類の剝製で、一九〇九年には鳥類の剝製六万羽を売り上げたという（『アホウドリを追った日本人』参照）。悲しいかな、他の秘島と同じく、急ピッチで鳥の命が次々と奪われてしまった。そして、やはり乱獲によって、三〜四年で鳥類捕獲は衰退した。

古賀が鳥の捕獲を開始した一九〇六年は、尖閣諸島での事業が最盛期を迎えていた頃。しかし、アホウドリをはじめとする鳥類の乱獲で、尖閣諸島の鳥類が激減したために「次の鳥類捕獲地」を探していた。そうして、仲ノ御神島に目をつけた。

それにしても、一〇〇年以上も前に、よくも仲ノ御神島までわざわざ出かけていったものだと思う。

そこに感じるのは「鳥への執念」だ。こんなに遠い、小さな無人島に。

仲ノ御神島（波照間島からの遠望）

もっというなら、鳥が金になるという、巨利への執念――。

富に向かって、先へ先へと船を漕ぎ出す、山師たち。

そんな荒々しい時代を経て、今に至る。今は保護区となって、仲ノ御神島は「鳥の楽園」になっているが、他の多くの秘島と同じく「略奪の歴史」が刻まれていた。

こうして調べていくと、これまであまり興味を抱いていなかった島でも、「秘島性」を秘めていることに気づく。そう、秘島というのは、リストのように決まったものとして「ある」のではなく、思い思いに探して「発見」するものだ、と。

秘島であるかどうかが大切なのではなく、あらゆる島において「秘島性」を発見していくこと。それが、島旅の醍醐味なのだと思う。

時には本当に上陸してみる
――八丈小島

しみじみ思う。

ヒマだ、と。

ここは、八丈小島。八丈島から、釣り師を乗せた漁船「優宝丸」に乗り込んで、およそ三〇分。釣り師は、八丈小島周辺の岩場に、各駅停車の電車のように、思い思いに「下車」していく。どこも険しい岩場、だ。そして三人の釣り師とともに、旧宇津木村近くの岩場に渡った。釣り師は、そこで早々に竿の準備をはじめる。

ひとり急峻な磯を這い上がり、坂道をうねうねと上がっていくと、ぽっかり開けた丘に出る。段々畑らしき跡が広がっている。さらに東海岸沿いの坂道を一〇分ほど歩くと、宇津木小中学校跡地に着く。

一九六九年に八丈小島の全島民が離島した際、東京都が島民の土地を買い上げたため、今も島の管理は東京都が行っている。そのため、無人島といえども、道や学校跡地の草刈りが行われていて、歩きやすい。

学校跡から、さらに坂道をのぼると、為朝神社跡に突き当たる。「御神燈」と刻まれた燈籠の石が草に埋もれている。八丈小島は、源為朝が自決したという伝説の地。あたりは

左：険しい東海岸　右：八丈小島に上陸

鬱蒼と草木が茂っていて、歩けそうな道は、もうここまで。とぼとぼ引き返して、上陸付近の丘に戻る。

時計を見ると、朝の一〇時半に小島に着いて、まだ一時間ほどしか経っていない。迎えの船が来るのは、夕方の四時半……。

何をしよう、か。

丘の草むらに腰をかける。

目の前の海の先には、八丈島がある。八丈富士のシルエットが美しい。

ペットボトルのお茶を飲む。

昨晩買った、冷たいおむすびをパクつく。一つ、二つ。

煙草に火を点ける。一本、二本。

なんと携帯電話は通じたが、画面に青空が反射して、全然操作できない。

なら……もうやることがない。

草むらに横になる。

三月のやわらかな陽射しが心地いい。

ずっと遠くの磯で竿をしならせる釣り師を除けば、誰もいない。
八丈小島を歩き回るのは、自分ひとり。
何より感じるのは、静けさ、だ。
静寂。
でも、やわらかな音だけは聞こえてくる。
遠くから響く、海鳥（ウミネコ）の甲高い鳴き声。
遠くから響く、波の音。
「遠い音」に包まれた静けさは、眠気を誘う。
ウトウトして目を覚ますと、一時間が過ぎている。
ちょっと散策しては、また適当に横になって眠る。
ヒマな嘆きが、じわじわ快感になっていく——。

でも、調子に乗ってはいけない。こうして安らかな気持ちでいられるのは、今日の夕方には迎えの漁船が来てくれることを知っているからだ。八丈島に戻れば、宿の湯船も待っている。それを考えると、かつて無人島に漂流し、来るアテのない助けの船を待ちつづけた漂着者の思いは、どのようなものだったのだろう。鳥島の漂流の話で触れたように、一〇年も二〇年もの無人島生活とは、いかほどの苦しみだったのだろう。

遠くから、ぽぽぽぽ、と船のエンジン音が聞こえてくる。

為朝神社跡

六時間ぶりに聞いた人工音。

やっと来た——。

迎えの漁船「優宝丸」だ。人工音が、こんなにも温もりを秘めていたなんて。

急峻な磯から、漁船に乗り込む。そこには、釣り師がわんさか群れている。一日の釣果に満足なのか、みんなどこか誇らしげで満ち足りているように見える。自分自身を含めて、釣り師の面々は総じて、むさ苦しい。ごつい肉体であったり、無精ひげ、サングラス、日焼け顔……。でも、ひとりで誰もいない島をほっつき歩いていたせいか、人に会えたのがちょっとうれしい。むさ苦しさに安らぎを感じてしまう。

夕陽が、八丈小島と漁船の面々を照らし出す。もうすぐ八丈島。長い一日が終わる。なんだか、無人島って、いいものだと思う。いや、無人島からの「帰還」が、何より愛おしい瞬間なのかもしれない。

海外の島から日本の秘島を想像する
――ナウル共和国

日本の行けない島の数々。その中でも、とくに気になる島が、沖大東島（ラサ島）だ。アクセスが難しい絶海の島であること、島そのものがラサ工業の所有地であり、現在は在日米軍の射爆撃場になっていること……と、何かと窺い知れない要素が多いためだ。

沖大東島は、戦前はリン鉱石の採取で賑わい、最盛期は二〇〇〇人もの人口を抱えた島。いったい今はどうなっているのだろう。

日本の行けない島を海外から想像してみよう。

南太平洋に浮かぶ、ナウル共和国へ足を運んだ。

なぜ急に海外のナウルなのか……。

それは、ナウルは沖大東島とよく似ているからだ。両者とも、島を覆っていた大半のリン鉱石を採り尽くしたため、でこぼこの島になっている。ナウルも沖大東島も、リン鉱石こそが島の繁栄をもたらしてきた。

飛行機でナウルを上空から眺めると、島の中央部を中心に、あちらこちらに白っぽい剝き出しの大地が見える。これらが、リン鉱石の採掘跡――。

左：ピナクル（尖塔）　右：ナウルの海

ナウルに到着して、宿の車を借りる。小さな島を走り回ってみると、至るところに、尖った岩の連なりが見える。まるで墓地に連なる墓石のよう。これがリン鉱石の採掘跡である、ピナクル（尖塔）だ。

ナウルはサンゴ礁が隆起してできた島。そのサンゴの石灰と、アホウドリなどの渡り鳥の糞が混じり合って、リン鉱石ができる。といっても、何万年にもわたって、鳥の糞が蓄積されて、形成された貴重な資源。それを地表から削りとり、リン鉱石ではない部分が、突起物のピナクルとして放置される。いわば、リン鉱石を採った「残りかす」だ。そのピナクルが邪魔で、リン鉱石を掘った跡地は、耕作もできず、ただ荒れ地として放置されている。

ナウルは二〇世紀中に島中を覆っていた地表のリン鉱石を、ほとんど採り尽くしたといわれる。島中に林立するピナクルは、その象徴だ。

このナウルの光景から、日本の沖大東島を想像してみよう。きっと沖大東島にも、リン鉱石を採り尽くした跡のピナクルが林立しているのであろう。太平洋戦争において、ラサ島守備隊長を務めた森田芳雄の手記（『ラサ島守備隊記』）には、ラサ島（沖大東島）に上陸したときの様子が描かれている。

へえ、これが鉱石なのか。一見、赤土にしか見えないが、よく見れば内地の粘土質の赤土とはちょっとちがつて、サクサクしていて、色も卵の黄味のようだ。その土のような、砂のような、砂利のようなものが方々に点在しているのだが、それ以外の部分は暗灰色の犬牙屹立、峨々たる針の山々が続いている。桃太郎のお伽話に出ている鬼が島とはこんな所であろうか。

「針の山」とは、リン鉱石を採った跡のピナクルを指すのであろう。沖大東島に広がっていた光景は、きっとナウルに林立するピナクルと同じような光景なのだろう。

そんな「針の山」だらけになってしまったナウル。しかし、二〇〇六年に二次採掘のプロジェクトがはじまった。地表のリン鉱石は掘り尽くしてしまったけれど、その下の層にはまだリン鉱石が含まれているという。ただし、リン含有量は地表の表面に近ければ近いほど多いので、以前ほどラクじゃないのは確か。ナウルには、リン鉱石以外にコレという産業もないので、手間暇かけて、残りのリン鉱石を掘り出しはじめている最中だ。

こうして、ナウルはリン鉱石をさらに丁寧に掘り進めるという道を歩みだした。

一方、オーストラリアにあるクリスマス島を見てみよう。ナウルと同じく、質の良いリン鉱石に覆われていた島。しかし、掘り尽くされてしまったため、一九八七年に鉱山の操業停止を決定。次の島の産業として、新たに観光リゾート地としての道を歩みだした。そのため、現在では島の大半が国立公園に指定され、熱帯雨林の復元事業が行われている。

つまり、リン鉱石を掘った跡地を緑化して、今度は観光の「資源」にしているわけだ。それを考えると、クリスマス島のように日本の沖大東島も緑化して、観光の島にする選択肢だってないとはいえない。ラサ工業の私有地だけど……。

また、南太平洋の国、ツバルを旅するのも面白いはず。ツバルの島々は、地球温暖化によって水没してしまう危機にあるといわれているが、もしツバルを旅すれば、日本の沖ノ鳥島を考えるキッカケにもなる。沖ノ鳥島もツバルと同様、地球温暖化に伴う海面上昇により、島が将来水面下に沈んでしまうことが危惧されているからだ。

海外の島から日本の秘島の将来について想像できることは、きっと多い。行けない日本の秘島を飛び越して、時には海外の島から、日本の秘島を「眺めて」みたい。

次頁写真：ナウルの夕暮れ

あとがき

それでもやっぱり、秘島は遠い。

時刻表を眺めつづけても、秘島への航路が見つかるわけではない。

でも、地図に目を凝らすと、そこには確かに秘島がある――。

どうせ行けない島だし……と、諦めたくもなる。

でも、この本で問いたかったのは、（物理的に）行けないから、行けないのではない、ということ。遠くのことを思う気持ち、行きたいと思う気持ち、近づきたいと思う気持ち。それらの気持ちを持ちつづけることが、広義な意味で「行くこと」「旅すること」なのではないか。たとえば物理的に上陸できなくても、近くの島まで行ってみる。近くを通る航路を探して、デッキから遠望してみる。それがムリでも、秘島にまつわる資料を探してみる。資料を読んで想像を巡らしてみる。

そうすると、秘島が少しずつ「見えて」くる。

いにしえの漂流者、暮らし、資源への思惑、戦争、環境のこと……。島で暮らした人々の歓びも汗も涙も。たとえ秘島に上陸できなくても、想像すること感じること、それらすべてが「秘島旅」なんだと思う。

遠くへ行きたい。どこか遠くへ——。

この思いが、なぜか学生時代から二〇年以上もつづいている。国内外の海や島のみならず、遠くはアフリカにも何度も足を運んだ。コンゴ（旧ザイール）やアンゴラなど、当時は政情不安な国にも旅をした。そうした旅を通じて感じたのは、「遠くへ行きたいと思えば、どこへだって行けるんじゃないか……」という思いだった。

それは間違いなく、若さゆえの過信だった。

そうした思い上がりを経て、歳を重ねて徐々に見えてきたこと。それは、日本の中にある「遠さ」。実は日本の中にこそ、遠さがある、ということ。行けない遠い島が存在している、ということ。しかもたくさん。

この恵まれたハイテクノロジーの時代に、まだまだ近づけない島があるなんて。

沖縄の南北大東島を旅すれば、まだその先には行けない島、沖大東島がある。伊豆諸島の青ヶ島の先には、鳥島がある。小笠原の父島・母島のはるか彼方には、沖ノ鳥島、南鳥島がある……。

今回、それらの島々を秘島と称して、なんとか一冊にまとめることができた。

紹介した島々のうち、実際に漁船を借りて上陸できた島はごくわずか。それでも、クルーズ船や定期航路から秘島を遠望したり、最寄の有人島にまで足を運んで、秘島への想像を膨らませてみた。旅を終えてからは、秘島に関する資料を読み漁った。

秘島の資料に関しては、なかなか見つからないばかりか、数少ない資料の中にも、紀年や人口、数値などの表記が若干異なっていることもあった。悩ましい箇所もあるが、できる限りは複数の資料にあたることを心がけた。

そんなプロセスから見えてくる秘島――。

やはり何より惹かれるのは、島でかつて繰り広げられた人間のドラマ、だ。

秘島はその狭小性ゆえに、島の栄枯盛衰がはげしい。島で人が暮らし、去っていく。島の資源を採取して、枯渇していく。時には戦争が起きる。

あっという間に何かが始まり、何かが終わる。

そこには、人の営みが凝縮されている。秘島で暮らした日々の愉しさや、苦しさ、哀しさ。国家や組織の思惑と、翻弄される島民の思い。秘島の歴史から見えてくる、夢のあと、人の世のはかなさ。そんな秘島の栄枯盛衰は、今の僕らをも揺さぶってくる。時代を超えて、「今、ここ」の在りかたを揺さぶってくる。

まるで秘島は「もっと長いスパンで考えよ」と、語りかけてくるかのようだ。秘島の栄枯盛衰のように、誰もがはかない人生だからこそ、目の前のことに囚われるのではなく、長い時間軸で考えよ、と。

そう、小祝島の頁で触れた、祝島の人びとのように。長いスパンで考えることの尊さを知っているからこそ、美しい海を守り抜こうとする。

忙しい毎日。

自分はもちろん、いつの世も人は目先の損得や利害、合理性に振り回される。でも、目の前のことに振り回されすぎると、何かが終わってしまう。次の世代、そのまた次の世代のことを考えずに、日々を生きてしまう。先々の本当に大切なことを見失いそうになる。

だからこそ、遠くへ行こう。

遠くへ思いを馳せよう。

秘島への想像力に身をゆだねれば、きっと遠くまで行ける。


末筆になりましたが、文平銀座の寄藤文平さん、杉山健太郎さん。素敵な装丁と本文デザインをありがとうございました。「秘島的佇まい」の書物に仕上げてくださり、深く感謝しています。また、本文組版を担当いただいた長田年伸さん。拙稿を読み込んでくださって、いつも励ましの言葉をいただき、ありがとうございました。

そして、河出書房新社編集部の稲村光信さん。企画の初期段階から最後の完成まで、長い間お付き合いいただき、本当にありがとうございました。いつも力強く導いてくださり、沖へ沖へと漕ぎ出すような、愉しい日々でした。

清水浩史

主要参考文献

全編

・Wikipedia各島
・海上保安庁海洋情報部ホームページ
「海域火山データベース」
・国土交通省国土地理院「電子国土Web」
・菅田正昭編『日本の島事典』三交社
・「日本の島へ行こう」ホームページ
・日本離島センター編『SHIMADAS（シマダス）』日本離島センター
・日本離島センター編『二〇一三離島統計年報』日本離島センター
・Judith Schalansky, *Pocket Atlas of Remote Islands: Fifty Islands I have not visited and never will,* Penguin Books.

I部

南硫黄島

・首都大学東京ホームページ
「南硫黄島の自然環境調査成果速報」
・「南硫黄島探検記」『不思議の海　別冊日経サイエンス』日経サイエンス
・渡辺久吉「南硫黄島漂流記」『小笠原』第一四四号（一九九九年三月三〇日）小笠原協会

北硫黄島

・小笠原協会編『小笠原』特集五九号（二〇一四年三月三一日）小笠原協会
・小笠原村役場ホームページ「北硫黄島」
・田中琢・佐原真『考古学の散歩道』岩波書店
・坪田理基男・津田光郎『二せきの魚雷艇』国土社

沖大東島（ラサ島）

・大阿久修「リン鉱の島　今は硝煙の島」朝日新聞デジタル
・北大東村誌編集委員会『北大東村誌』北大東村役場
・北大東村役場ホームページ
「北大東島（大東諸島）のうつりかわり」
・平岡昭利『アホウドリと「帝国」日本の拡大』明石書店
・平岡昭利「ラサ島の領土の確定とリン鉱採掘事業」平岡昭利編『離島研究Ⅳ』海青社
・森田芳雄『ラサ島守備隊記』河出書房新社
・ラサ工業株式会社社史編纂室編『ラサ工業80年史』ラサ工業株式会社

横当島

・名越左源太『南島雑話　2——幕末奄美民俗誌』平凡社

硫黄鳥島

・沖縄県文化振興会編『沖縄県史資料編 一三 硫黄鳥島』沖縄県教育委員会
・久米島自然文化センター編『特別展図録 鳥島移住一〇〇周年展』久米島自然文化センター
・南日本新聞社編『トカラ 海と人と』誠文堂新光社

沖ノ鳥島

・日本財団図書館ホームページ『沖ノ鳥島の有効利用を目的とした視察団』報告書」
・日本船主協会ホームページ「海運雑学ゼミナール」
・山田吉彦『国境の人びと――再考・島国日本の肖像』新潮社

南鳥島

・池澤夏樹『南鳥島特別航路』新潮社
・小笠原協会編『小笠原』特集四二号(一九九七年一月六日)小笠原協会
・小笠原村役場ホームページ「歴史:南鳥島」
・『南方諸島 日本』(海軍省水路部、一九一三年二月)
・平岡昭利『アホウドリと「帝国」日本の拡大』明石書店
・平岡昭利『アホウドリを追った日本人――一攫千金の夢と南洋進出』岩波書店
・平岡昭利「南鳥島の領有と経営――アホウドリから鳥糞、リン鉱採取へ」『歴史地理学』四五巻四号(二一五号、二〇〇三年九月)

沖ノ島

・藤原新也・安部龍太郎『神の島 沖ノ島』小学館
・弓場紀知『古代祭祀とシルクロードの終着地・沖ノ島』新泉社

鳥島

・小林郁『鳥島漂着物語――18世紀庶民の無人島体験』成山堂書店
・東邦大学メディアネットセンターホームページ「アホウドリ復活への軌跡」
・長谷川博『アホウドリに夢中』新日本出版社
・春名徹『無人島物語』『世界を見てしまった男たち』文藝春秋
・平岡昭利『アホウドリと「帝国」日本の拡大』明石書店
・山階鳥類研究所ホームページ「アホウドリ復活への展望」

西之島

・海上保安庁海洋情報部ホームページ「海域火山データベース 西之島」
・国土交通省国土地理院ホームページ

硫黄島

・石原俊『〈群島〉の歴史社会学』弘文堂
・NHK取材班編『硫黄島玉砕戦――生還者たちが語る真実』NHK出版
・梯久美子『散るぞ悲しき――硫黄島総指揮官・栗林忠道』新潮社

馬毛島

・馬毛島環境問題対策編集委員会編『馬毛島、宝の島――豊かな自然、歴史と乱開発』南方新社
・本木修次『無人島が呼んでいる』ハート出版
・八坂俊輔・安田朋起・柏原愛『米軍基地化の動きに揺れる馬毛島　失われゆくもの』朝日新聞社WEB新書（二〇一一年一〇月一四日）

（久米）鳥島

・嘉指信雄・振津かつみ・佐藤真紀・小出裕章・豊田直巳『劣化ウラン弾――軍事利用される放射性廃棄物』岩波書店

横島

・香焼町郷土誌編纂委員会編『香焼町郷土誌』香焼町
・高島炭砿史編纂委員会編『高島炭砿史』三菱鉱業セメント

臥蛇島

・谷川雁「びろう樹の下の死時計」『工作者宣言』現代思潮社
・長嶋俊介・福澄孝博・木下紀正・升屋正人『日本一長い村トカラ』梓書院
・南日本新聞社編『トカラ　海と人と』誠文堂新光社

八丈小島

・漆原智良『黒潮の瞳とともに――八丈小島は生きていた』たま出版

屋嘉比島

・座間味村史編集委員会編『座間味村史（上）（下）』座間味村役場
・平岡昭利『アホウドリと「帝国」日本の拡大』明石書店

入砂島

・渡名喜村編『渡名喜村史（上）』渡名喜村

昭和硫黄島

・三島村誌編纂委員会編『三島村誌』三島村

続島

・吉村昭『陸奥爆沈』新潮社

ベヨネース列岩

・東京都議会ホームページ「平成二四年予算特別委員会速記録　総括質疑：吉田康一郎委員」

須美寿島

・「宝石サンゴの海で…　小笠原・伊豆近海ルポ」『YOMIURI ONLINE』読売新聞

孀婦岩

・開高健『私の釣魚大全』文藝春秋
・孀婦岩洋上登山隊「絶海の孤島『孀婦岩』の登頂に成功！」『山と溪谷』八一七号（二〇〇三年八月）

奇岩

・日本離島センター編『二〇一三離島統計年報』
日本離島センター

南波照間島

・石垣市編『石垣市史叢書13 八重山島年来記』石垣市
・奥田英朗『サウスバウンド(上)(下)』角川書店
・司馬遼太郎『街道をゆく6 沖縄・先島への道』
朝日新聞出版
・柳田國男『海南小記』角川書店

中ノ鳥島

・『中ノ鳥島―南鳥島 素圖』(参謀本部、一九四四年九月)
・長谷川亮一『地図から消えた島々――
幻の日本領と南洋探検家たち』吉川弘文館
・平岡昭利『アホウドリと「帝国」日本の拡大』明石書店

小祝島

・山秋真『原発をつくらせない人びと――祝島から未来へ』
岩波書店
・山戸貞夫『祝島のたたかい――上関原発反対運動史』
岩波書店

北方四島・竹島・尖閣諸島

・尖閣列島戦時遭難死没者慰霊之碑建立事業期成会編
『尖閣列島戦時遭難事件 沈黙の叫び』南山舎
・多田実『境界線上の動物たち』小学館
・平岡昭利「明治期における尖閣諸島への日本人の進出と
古賀辰四郎」平岡昭利編『離島研究Ⅲ』海青社
・山田吉彦『国境の人びと――再考・島国日本の肖像』新潮社
・山本皓一『日本人が行けない「日本領土」』小学館

Ⅱ部

日本の漂流記を読んでみる

・井伏鱒二『ジョン万次郎漂流記』新潮社
・小林郁『鳥島漂着物語――18世紀庶民の無人島体験』
成山堂書店
・新田次郎『孤島』新潮社
・春名徹『無人島物語』『世界を見てしまった男たち』文藝春秋
・吉村昭『漂流』新潮社

もうひとつの漂流記を読んでみる

・上原清『対馬丸 沈む』対馬丸記念会
・大城立裕『対馬丸』理論社
・尖閣列島戦時遭難死没者慰霊之碑建立事業期成会編
『尖閣列島戦時遭難事件 沈黙の叫び』南山舎
・対馬丸記念館ホームページ

秘島の「夢のあと」を本でたどる

・武田泰淳「流人島にて」『ひかりごけ』新潮社
・谷川雁「びろう樹の下の死時計」『工作者宣言』現代思潮社

・南日本新聞社編『トカラ　海と人と』誠文堂新光社
・宮本常一『日本の離島　第1集』未來社

浜辺の漂着物をチェックする
・井形慶子『英国セント・キルダ島の何も持たない生き方』講談社
・石井忠『漂着物事典――海からのメッセージ』朝日新聞社
・小林郁『鳥島漂着物語――18世紀庶民の無人島体験』成山堂書店
・尖閣列島戦時遭難死没者慰霊之碑建立事業期成会編『尖閣列島戦時遭難事件　沈黙の叫び』南山舎
・ニコラス・スパークス『メッセージ・イン・ア・ボトル』大野晶子訳、ソフトバンク クリエイティブ
・吉村昭『漂流』新潮社

マイナー航路に乗って絶海を感じる
・南日本新聞社編『トカラ　海と人と』誠文堂新光社

Google Earthでバーチャル上陸を試みる
・小林郁『鳥島漂着物語――18世紀庶民の無人島体験』成山堂書店
・春名徹『無人島物語』『世界を見てしまった男たち』文藝春秋

島に流れた汗を想像する
・石原俊『〈群島〉の歴史社会学』弘文堂
・平岡昭利『アホウドリと「帝国」日本の拡大』明石書店
・平岡昭利「大東諸島の開拓とプランテーション経営」平岡昭利編『離島研究Ⅱ』海青社
・平岡昭利「ラサ島の領土の確定とリン鉱採掘事業」平岡昭利編『離島研究Ⅳ』海青社

島の「孤絶」を味わってみる――漂泊の俳人、尾崎放哉を読む
・西川勝『「一人」のうらに――尾崎放哉の島へ』サウダージ・ブックス
・村上護編『尾崎放哉全句集』筑摩書房
・吉村昭『海も暮れきる』講談社

ネズミと島の関係を考える
・秋吉茂『美女とネズミと神々の島』河出書房新社
・ウィリアム・ソウルゼンバーグ、野中香方子・訳『ねずみに支配された島』文藝春秋
・谷川雁「びろう樹の下の死時計」『工作者宣言』現代思潮社

秘島の観点で島を眺めてみる
・平岡昭利『アホウドリを追った日本人――一攫千金の夢と南洋進出』岩波書店
・「仲ノ神島」『平成二四年度　モニタリングサイト一〇〇〇海鳥調査報告書』環境省自然環境局生物多様性センター

海外の島から日本の秘島を想像する――ナウル共和国
・古田靖・寄藤文平『アホウドリの糞でできた国――ナウル共和国物語』アスペクト

・森田芳雄『ラサ島守備隊記』河出書房新社
・リュック・フォリエ・林昌宏訳『ユートピアの崩壊　ナウル共和国——世界一裕福な島国が最貧国に転落するまで』新泉社

写真出典（数字は本書の該当頁）

アフロ
41　42-43　46-47　62-63

海上保安庁撮影
33（写真・上）　53　54-55　57　109　114-115

関東地方整備局ホームページ
（http://www.ktr.mlit.go.jp/keihin/keihin_index005.html）
38-39

国土地理院撮影

地図・空中写真閲覧サービス　＊137を除く
26-27　34-35（合成加工して作成）
66-67（合成加工して作成）　77（合成加工して作成）
106-107（合成加工して作成）　113　134-135（合成加工して作成）
137（九州地方測量部）

著者撮影
18-19　21　22-23　25　33（写真・下）　37　49　58-59　61
65　69　70-71　73　74-75　78-79　81　82-83　85　86-87
90-91　93　94-95　97　98-99　101　102-103　118-119　121
122-123　125　130-131　133　139　141　Ⅱ部（145～211）全写真頁
222

フォトライブラリー
30-31　50-51　89　105　110-111　143

著者略歴

清水 浩史 しみず ひろし
一九七一年生まれ。早稲田大学政治経済学部卒。
在学中は早大水中クラブに所属。
NAUIダイビングインストラクター免許取得。
卒業後も国内外の海と島の旅をつづける。
テレビ局勤務を経て、
東京大学大学院法学政治学研究科修士課程修了、
同大学院新領域創成科学研究科博士課程中退。
現在、編集者・ライター。
『海に癒される。――働く大人のための「海時間」のススメ』(水中クラブOB高橋啓介と共著、草思社)など。

秘島図鑑
二〇一五年 七 月三〇日 初版発行
二〇一九年 六 月三〇日 6刷発行

著者 清水浩史
発行者 小野寺優
発行所 株式会社河出書房新社
〒一五一―〇〇五一
東京都渋谷区千駄ヶ谷二―三二―二
〇三―三四〇四―一二〇一(営業)
〇三―三四〇四―八六一一(編集)
http://www.kawade.co.jp/
ブックデザイン 寄藤文平+杉山健太郎(文平銀座)
本文組版 長田年伸
印刷・製本 三松堂株式会社

Printed in Japan
ISBN978-4-309-27615-1
落丁・乱丁本はお取り替えいたします。